俄羅斯簡史
從異教徒到普丁總統

克・加萊奧蒂（Mark Galeotti）◎著
方偉達◎譯

五南圖書出版公司 印行

前言

俄羅斯最古老的書沉默不語。這裡曾經咆哮、嗚咽、喃喃自語、呻吟大笑，充滿了耳語和祈禱的聲音，也逐漸安靜下來。二〇〇〇年七月，考古學家發掘了俄羅斯最古老城市的古街區諾夫哥羅德，這裡曾經被稱爲諾夫哥羅德勳爵或是諾夫哥羅德大帝的駐所。考古學家發現了三塊木版塗層，採用封蠟裝訂成一本書。根據碳同位素分析來評估年代，這些臘版來自於公元九八八年至公元一〇三〇年之間。刻在蠟版上的是兩首詩篇，雖然是個複製版；不過，其中一塊蠟版已經在數十年間重複刻了許多次，但是早期的刻痕模糊可辨。俄羅斯語言學家安德烈・扎利茲尼亞克發現了數以千計，而且令人眼花撩亂的蠟版文字。包括了來自父母對於兒子的《勸子文》、談論世界末日的《約翰密傳》、教會的斯拉夫字母表，甚至還有《論童貞》。

這都是眞的。

多元民族

所謂的俄羅斯，是一個沒有自然邊界的國家，沒有單一的部落，也不屬於同一血統的人群，甚至俄羅斯人從來都沒有眞實的身分。俄羅斯的規模龐大，橫跨了十一個時區，從隔絕的加里寧格勒的歐洲要塞區，通到白令海峽，距離阿拉斯加也只有八十二公里。加上這個地區交通不便、人口分散，形成中央控制的嚴峻挑戰。俄羅斯的統治者認爲，失去對於國家的控制，非常可怕。我曾經遇到一位退休的前蘇聯國家安全委員會官員，他承認說：「我們一直認爲這就是全部。要嘛，我們什麼都不要做；要嘛，我們緊抓住這個國家，否則一切都會分崩離析。」我很懷疑過去從沙皇軍官，到中世紀的大公，都有這樣的擔憂。甚至普丁總統任命的現任官員，即使是在現代通信突飛猛進的時代，都有這樣的憂慮。

俄羅斯位處歐亞大陸的交界處，俄羅斯在其他國家的眼中，都是「外國人」。歐洲人認爲俄羅斯人是亞洲人，亞洲人認爲俄羅斯人是歐洲人。俄羅斯的歷史，向來都是從國外形塑的。因爲長年受到外來者入侵，從維京人到蒙古人，從十字軍東征，從條頓人到波蘭人，從法國拿破崙到德國希特勒，長期的外侮，即使沒有造成國家內部的紛擾，但是外來文化力量永遠超越國界，形成深遠的影響。因此，從文化層面可以看到這個國家的創新技術的雄厚資本。這同時也回應了一種穩定過程。也就是因爲缺乏明顯的國界，當領土擴張之後，帶來一種嶄新混和型的民族、文化和宗教身分觀。

因此，俄羅斯人，本身就是一種最古老的民族，一種多元民族拼湊出來的國家；從人民日常生活中，可以看到外國帶來的影響。俄羅斯的語言，可以證明我所言不虛。我舉一個例子，有一個「火車站」的俄羅斯文，源自翻譯於英國倫敦的沃克斯豪爾（Vauxhall），在俄羅斯稱爲火車站（vokzal）。這是由於十九世紀俄羅斯代表團到英國訪問，請教火車站的翻譯，卻不幸誤譯火車站站名沃克斯豪爾（Vauxhall）爲「火車站」的英文名稱。不過，當時俄羅斯領導菁英熟悉法語，所以他們仍然會將他們的行李稱爲「拜格思」，意爲法文的行李（bagazh），裝載到他們的臥舖車中。在南部的敖德薩街道，是用義大利文命名，因爲這是黑海地區通用的交易語言。在中國邊境的比羅比詹（Birobidzhan），當地還是使用意第緒語。從史達林時代，試圖鼓勵蘇聯時代的猶太人，從一九三〇年代起就在那裡定居。因此，在堅固的克里姆林宮所在地，既有東正教大教堂，也有伊斯蘭教清眞寺，而薩滿教徒則在遙遠的北方，保護著運輸石油的管線。

當然，所有民族都擁有多樣的複合體，或多或少都擁有信仰、文化，以及代表自身的身分。當咖哩調味粉曾經是近代英國人最愛的年代，還有法國法蘭西學院非常努力保持法語的純度，遠離外來語言的污染。曾幾何時，我們這個時代已經改變了。擁有超過八分之一的美國公民，屬於在國外出生的外國人。我想，我提出三種俄羅斯的經驗，可茲大家借鏡。首先是俄羅斯動態的純粹深度，甚至喜歡挪用外國繽紛經驗的影響。第二是運用連續的層次感，進行特殊的國家文化結合。這種結合產生國家屬性的化合成分，形成多樣性的綜合體。第三是俄羅斯對於綜合文化的回應過程。俄羅斯通過肯定或是否定自身的民族神話，讓這一種自我意識融合了一種雜交的身分。的確，我現在所說的俄羅斯的基礎，就是一種舉國認同、井然有序（Just So）的故事。我會在第一章討論被維京人征服的故事，這是一種外國人入侵的歷史，卻被改寫爲邀請征服者前來統治。因此，從過去就擁有這一種傳說。我從莫斯科成爲兩派的歷史，談到基督教和第三羅馬的故事，從基督教世界的搖籃，討論第一次落入蠻族統治，以及受到俗稱第二羅馬的拜占庭帝國、伊斯蘭教統治，到了今天，克里姆林宮試圖將俄羅斯塑造成爲傳統的社會價值和抵禦美國主導世界秩序的堡壘。

回到未來

蒙古人在十三世紀征服了俄國，當權力消退之後，蒙古人最狡猾的盟友，就屬於莫斯科的大公，被統治者形成了統治者。時間再度證明，俄羅斯的統治者會編造過去歷史，希望發展他們想要的未來，通常統治者是通過文化、神話，以及政治符號進行編修。沙皇選擇了光榮的拜占庭象徵，但是，帝國以鷹隼雄視睥睨東方和西方，甚至凝視南方。俄羅斯與西方的複雜關係，變得越來越重要。俄羅斯沙皇彼得大帝命令俄羅斯人剃光下巴，以歐式風格適應歐風，甚至如果不願意的話，俄羅斯人要支付特殊的鬍鬚稅。俄羅斯人需要改變想法，並且調整價值觀。

蘇聯人在概念上建立了一個完整的社會。這是馬克思設想的適用於德國和英國的意識形態。有時，這一種意識形態象徵俄羅斯本身想要拒絕西方影響的決心，即使通過重新定義過去，例如說，忽略所有考古證據，證實這片土地起源於維京入侵者，但這並不能忽視長期以來西方國家的影響。

今天，俄羅斯新時代的菁英，再度開始嘗試定義國家，並且選擇適合自身的生活方式。這一群菁英希望能夠找到選擇喜愛的西方發明，例如iPhone手機、倫敦頂層公寓、所得稅節稅，以及法治。但是這些菁英並不見得會成功。不過，隨著時代演進，社會菁英開始提出問題，與其說是想要瞭解自身在世界上的位置，不如說是想要理解全世界對待他們的方式。這是弗拉基米爾·普丁總統崛起的核心原因。從本質上來說，普丁的思想，是由開放的實用主義演變而來。普丁是一位民族主義戰爭領袖，他在二〇一四年發動戰爭吞併克里米亞，並且引發烏克蘭東南部的衝突。在這個國家，重新想像歷史，不僅成爲一種國民運動，而且成爲一種產業。展覽廳中的展示從中世紀時代到現代政策，彷彿在描述一種單調的進化過程。書店販售的書籍，根據新的正統觀念，進行修正主義式的歷史和學校教科書的全盤改寫。列寧雕像、沙皇雕像，以及宗教聖人雕像比肩而過，彷彿象徵著俄羅斯的願景，不會感到絲毫的矛盾。因此，本書的基本主題是探索這段引人入勝的、奇異的、輝煌的，以及絕望的歷史。這是一個憤怒、血腥，以及英雄感十足的國家。尤其是通過相互交織的兩種管道：一種爲連續影響的方式，以及來自境外的影響，塑造了原始俄羅斯國家的原型，以及產生了俄羅斯人達成與歷史和解的方式。

我認爲通過一系列簡潔的文化形塑、書寫，以及改寫俄羅斯的過去，了解他們的現在，並試圖影響他們的未來。相反的，這不僅影響俄羅斯的國家建設計畫和世界關係。本書不是針對專家寫作，而是針對任何有興趣的讀者來寫。在這本國家的背景故事中，描繪古老帝國的混亂遺跡的同時；也描繪了俄羅斯對於西方生存的威脅。在凝聚筆繪了上千年的事端之後，我將這一筆血腥的歷史，概略寫進這本《俄羅斯簡史》；難免在行筆爲文之間，過於簡略。在每章的章節之後，我提供了進階閱讀的指南，內容觸及學術專書，可以保持實用性和學術性的一種平衡感。儘管如此，本書的目的，不是裝模作樣、鉅細靡遺地處理細節，取而代之的是探索這種非凡的民族，周期性地騰起和遽落，以及俄羅斯人自身如何理解詮釋自身的神話，以及如何自我重寫這些故事。

延伸閱讀

爲了廣泛閱讀俄羅斯千年歷史，在此我推薦很多好書，包含了文字典雅優美，或是兼具詭異的寫作風格作品。傑佛瑞・霍斯金的《俄羅斯史略》（二〇一二年牛津大學出版），屬於一種記述的傳略書，而不是學者的專書。馬丁・西克斯史密斯的《俄羅斯：千年狂野東部編年史》（二〇一二年英國國家廣播出版），是一本可以閱讀的概論。奧蘭多・菲格思《娜塔莎的舞蹈：文化史》（二〇〇三年企鵝出版社出版），寫出在過去的兩個世紀中的文化，展現出巡迴演出的文化力道。如果一張圖片等同於千字的價值；那麼，一張地圖也是如此。還有馬丁・基爾博特的《俄羅斯歷史》（二〇〇七年勞特里奇出版），也是一種非常容易閱讀的彙編。歷史是用磚塊和石頭進行堆砌的；還有企鵝出版社在二〇一四年出版的凱薩琳・梅里代爾的《輝煌紅色堡壘：俄羅斯歷史的祕密中心》，討論莫斯科克里姆林宮在俄羅斯的故事中扮演的角色。

語言註釋

本書有不同的俄語音譯方式。我選擇將俄語中的單詞呈現爲優美的英文語調。除非俄語有固定的英文形式，否則以當代成熟的慣用英語聲調進行翻譯。依據音節，陸譯俄文的戈爾巴喬夫（Gorbachov; Горбачёв），比臺譯英文的戈巴契夫（Gorbachev），係爲更準確的語音發法。語言本質上是一種政治，就像我們談論某事的方式一樣。我們如何看待，這已經變得在後蘇聯時代明顯的特殊性。因爲國家預言都市的獨立，以及隨之而來的語言自主，這都是一種特殊的議題。

例如，烏克蘭首府稱爲基輔Kyiv。但是，我仍然使用Kiev這個詞，來表示一九九一年之前的城市基輔。我不是想挑戰烏克蘭主張的國家地位，但是要反映烏克蘭曾經是泛斯拉夫民族和俄羅斯政治版圖的一部分。我還透過添加「s」，將俄語單詞變成複數形式，而非使用「y」或「i」。

我對於力求純正語系的俄羅斯正統主義者，謹以致歉。

馬克・加萊奧蒂

導讀

今天熱門俄羅斯

方偉達

三重遠山、九天長河。故情思遙，夢憶甘捨。
鬱鬱白山、綿綿黑水。深深思緒，重重糾葛。
一縷星火，幾多恩仇。化爲輕煙，狂笑戰侯。
蕭牆泄怨，問卜方休。納言多澀，欲辯還羞。
一魂二魄，裂靈撕帛。心繫誰屬，直指故國。
故國遠颺，鄉矜不再。幻華散盡，今生難有。

——一九九三年《還我河山》方偉達

俄羅斯的領土遼闊，歷史悠久，眞僞難辨。英國俄羅斯專家馬克・加萊奧蒂（Mark Galeotti）鑽研俄羅斯歷史，面對普丁總統和西方國家的衝突，普丁以其對於歷史的詮釋，企圖重塑俄羅斯的新歷史，但是，加萊奧蒂有不同的詮釋和看法。

在西方世界中，加萊奧蒂教授是當今最重要的俄羅斯觀察家之一，但是加萊奧蒂中文版翻譯的書很少，這一本《俄羅斯簡史：從異教徒到普丁總統》，可以說是中文書市場的第一本書。當然，他出版的書，已經有十六種語言的翻譯；當然，這一本中文書，不會是加萊奧蒂著作中，最後一本翻譯的中文書。隨著俄羅斯在新聞中的曝光度越來越高，中文書市場會更加注意加萊奧蒂對於俄羅斯研究的諸多著作。

加萊奧蒂是二〇二二年版《普丁戰爭》的作者，他長期到俄羅斯教學、演講，他注意到俄羅斯歷史中，擁有一種對於普丁宣揚熱愛祖國的菁英主義。但是這一本《俄羅斯簡史：從異教徒到普丁總統》的歷史。經過他抽絲剝繭之後，從歷任俄羅斯的大公、大帝、沙皇、總書記，到總統，進行領導權力分析。種種權力關係的演繹，就像是一場一場的走馬燈，時間不斷的流逝，你也可以看到領導中心不斷的遷徙，從諾夫哥羅德、基輔、聖彼得堡，到莫斯科。俄羅斯人從蒙古西征之後的「蒙古枷鎖」中陸續解放。彼得大帝、葉卡捷琳娜．凱薩琳（也就是凱薩琳二世）從西方國家學習政治、軍事和經濟的革新。本書以生動活潑，甚至以英國學者擅長挖苦和諷刺的語調，說明一場一場的背叛、革命、暗殺，以及國家中殘忍的對抗屠殺，令人目不暇給，彷彿俄羅斯這個國家，過去是人類爲了追求共產主義最高理想的實驗場，同時是輸出革命的紅色搖籃，但是現今面臨前蘇聯對抗民族國家的解離，前蘇聯的分崩離析，普丁想要追求歷史定位的種種掙扎。

這一種掙扎源自於歷史的一場解構。一九九一年蘇維埃社會主義共和國聯邦（簡稱蘇聯）正式解體，俄羅斯獨立國家國協成立後，爲了避免蘇聯境內爆發內戰，戈巴契夫被迫宣布辭職。自從共產黨在俄羅斯遭到取締，蘇聯面臨分崩離析的命運。然而，在經濟命脈操控在少數俄羅斯肥貓的手中之後，普丁繼任之後，在戰爭中獲得權力的養分和欲望渴求。

尤其，中文版的《俄羅斯簡史：從異教徒到普丁總統》，加萊奧蒂特別爲了中文版的讀者，新增加了第九章的尾聲，透露了二〇二二年英文版《普丁戰爭》的新書先聲，也爲了全書開啓了俄羅斯現代戰爭研究的契機。普丁成爲俄羅斯總統之後，俄羅斯捲入的區域衝突，從車臣戰爭，吞併克里米亞，以及入侵烏克蘭。《俄羅斯簡史：從異教徒到普丁總統》創造了一種俄羅斯領導風格的軍事再造和武力擴展，包含了傭兵、特務，以及資訊戰爭。在本書中，你可以看到俄羅斯的領導人勵精圖治，在歷史的長流之中，不斷對外發動戰爭，以爭取生存空間。

值得注意的是本書談到的俄羅斯的政治改革。在歷史中，俄羅斯享有西方國家所稱的東方主義，集合專制、霸權、貴族，以及農奴的時代象徵。但是在勵精圖治的君主立憲制國家，要脫離貴族箝制，需要極高的政治智慧。軍功酬償是專制國家的一種象徵。本書第四章，討論〈金錢是戰爭的命脈〉。談到了在一七二二年，彼得大帝引進了俄羅斯貴族官秩表，代表了等級基礎的根本性革命。從此以後，所有貴族想在十四職等的貴族系統內上升，就得按照服務、晉升，以及能力進行排名。這個想法比中國晚了二千年。中國戰國時代秦國秦孝公和商鞅在公元前三五六年進行變法，廢除「世卿世祿」，確定等級制度，打破了世襲貴族的權力，銳意進行改革。從此秦國富國強兵，奠立了統一中國的基礎。軍事鬥爭，是國力的延長。當國家以霸道進行四方征討，如果沒有充分的後勤、公平公正的晉升制度，以及充分的政治資源供給，征討一定失敗。

這一本書從英國人的視角觀察，提供了中文閱讀世界對於西方國家觀察俄羅斯歷史的觀點。聰明的讀者，不一定要全盤接受作者的政治觀點。歐洲政策分析中心俄羅斯研究專家索爾達托夫（Andrei Soldatov）也曾經說：「在俄羅斯，意識形態主要涉及歷史，政府掌控歷史敘事。」當俄羅斯軍隊使用炸彈和導彈針對前蘇聯的平民，不管在車臣，不管是在烏克蘭，進行有計畫暴力殺戮，所有的目的，就是要打擊鄰國的士氣，擊敗對手，進行「俄羅斯的復興」。當俄羅斯在普丁主政之後，國民生產毛額增加，普丁開始著手歷史敘事，進行「國家暴力美學文化」在鄰國的極致推廣。

尤其，針對白俄羅斯的臣服，普丁始終不理解為何同為東斯拉夫民族的烏克蘭族人，不願意臣服於俄羅斯族人的統治之下。在改革看到初步成效之後，普丁在俄羅斯累積了軟實力，急著要變現，卻誤判了對於烏克蘭局勢。烏克蘭軍隊以「不對稱」的軍事力量，企圖抵禦俄羅斯軍隊的猛烈攻擊。加萊奧蒂曾經說：「我們現在生活在一個不同時代，無論是在政治上還是在國際上，這是一場不同的戰爭」。這一場戰爭，可以起源於一九八〇年代蘇聯時代入侵阿富汗以來的餘緒。但是如果普丁低估了國際制裁令所帶來的經濟損害後果，以及高估了俄羅斯的軍事能力，我會建議普丁閱讀《俄羅斯簡史：從異教徒到普丁總統》這一本書。

《俄羅斯簡史：從異教徒到普丁總統》是一本小而精緻的歷史書，本書有八張精美的地圖，由英國蘇格蘭北部城市印威內斯的海倫史特林公司製圖，透過豐富的地理資訊，繪製俄羅斯早期歷史地圖的書籍插圖，相當有可看性。此外，加萊奧蒂教授學識淵博，他喜歡和人交談，並且喜歡觀察普丁時代正在展開歷史敘事。

加萊奧蒂教授目前居住倫敦，他是布拉格國際關係研究所的高級研究員，曾任歐洲安全中心負責人，也當過紐約大學全球事務教授、英國基爾大學歷史系主任，現在是倫敦大學名譽教授。

我推薦這一本書，花了八個月的時間，迻譯這一本書。希望透過加萊奧蒂的觀點，能夠爲華人閱讀世界，揭開俄羅斯的神祕面紗，並且一窺未來可能會發生什麼。

本書在漫長的翻譯過程之中，和國立臺灣師範大學的姊妹校北京師範大學地理科學學部葉謙教授、中國社會科學院生態文明研究所鄭豔研究員、紐約大學奧斯威爾商學院章定教授，以及北京的周京暉先生，不斷對於中文翻譯的準確度，進行多次的通訊討論定稿。例如，北京師範大學地理科學學部葉謙教授通訊討論中，他和我談論到凱薩琳二世，建議我應該要修改。我在定稿中談到俄羅斯沙皇葉卡捷琳娜，西方人所稱的凱薩琳二世，我改成下列的翻譯。

她給法國作家丹尼斯·狄德羅的一封信中，她寫道：「你們這些哲學家是幸運的男人。你們在紙上書寫，紙張包容一切。我則是一位不幸的女皇，我在眾生敏感肌膚上刻劃，寫下了刻骨銘心、直搗心靈的字眼。」

感覺葉卡捷琳娜也是個哲學家。

此外，我也將環境教育中著名的簽署《伯利西宣言》（*Tbilisi Declaration*）的喬治亞首府Tbilisi，翻譯爲「伯利西」。翻譯中，我學習到前蘇聯喬治亞文的原文「T」，發音微弱，所以我沒有把那個T翻譯出來，定稿時還是翻譯爲「伯利西」；或是普丁總統辦公室顧問曾經在二〇二一年寫信邀請我到符拉迪沃斯托克參加第十屆亞太經濟合作會議，因爲普丁要親自出席；對於「符拉迪沃斯托克」，我還是翻譯爲國人熟悉的「海參崴」，以紀念一八六〇年「海參崴」被清朝割讓給俄羅斯帝國的「國恥」。

本書透過引人入勝的重要歷史，講述了西方世界認知下的俄羅斯北極熊的覺醒，以及目前俄羅斯如何在國內外運作之下，確保俄羅斯在世界舞臺上，處於中心的地位。蘇聯諺語曾經說：「俄羅斯是一個有前途的國家；只是她的過去不可預測」；我會建議高中程度以上的學生，或是對於俄羅斯的歷史有興趣的朋友，不妨閱讀這一本好書。

目錄

第一章

讓我們尋找可以統治我們的大公

時間軸

862年？	留里克的到來，新的俄羅斯國家的誕生。
882年	奧列格奪取基輔，並將首都從諾夫哥羅德遷往基輔。
980年	弗拉基米爾大帝成為基輔大公。
988年	弗拉基米爾皈依東正教。
1015年	弗拉基米爾之死引發王朝鬥爭。
1036年	智者雅羅斯拉夫控制了俄羅斯的所有土地。
1054年	雅羅斯拉夫之死引發王朝鬥爭。
1097年	柳貝克會議。
1113年	弗拉基米爾·莫諾馬赫應基輔人民的要求，成為大公。

維克托·瓦斯涅佐夫繪的《留里克抵達拉多加》。（1909）

維克多・瓦斯涅佐夫描繪留里克大公抵達拉多加湖岸，是一幅經典的作品。從十二世紀的主要編年史，是我們瞭解到這一段美好時代的歷史惟一來源。我們談到了一場小規模衝突。在俄羅斯的分散的斯拉夫部落，和瓦良格人作戰。瓦良格人就是斯堪地納維亞的維京人，斯拉夫部落將維京人趕出他們的土地。但是當楚德、梅里亞斯、瑞德米徹斯、克里維奇，以及其他無數的氏族和部落試圖自治，結果只是引發更多的戰爭。這些氏族部落無法依據優先順序，達成一致的領土和草原的協議。因此，他們再次轉向瓦良格人，並且請求一位大公的統治：「我們的土地是偉大和富有的，但是缺乏秩序。請來統治我們吧。」他們請到留里克大公（約爲公元八六二至八七九），他的後裔形成統治俄羅斯的留里克王朝，延續到十七世紀。瓦斯涅佐夫的畫作展示他來到在拉多加湖畔，他擁有獨特的維京人的龍船，連同他的兄弟和隨扈。他的手裡拿著斧頭，象徵是一位武士大公。他在那兒接受新的臣民代表團歡迎。代表團眞正地張開雙臂向他致敬。這幅畫的特點是鉅細靡遺的細節，躍於紙上。這幅畫忠實於史實，包含維京人的錐形頭盔、傳統刺繡，以及斯拉夫人的服飾。這幅畫也巧妙地象徵著連接新統治者和他的新臣民之間的致敬關係。

但是，這幅畫作，完全大錯特錯。

留里克的到來

留里克可能來自於現今荷蘭的多雷斯塔德。他是一位雄心勃勃的丹麥新貴，因為挑釁行為，激怒了虔誠的法蘭克國王路易斯，在公元八六〇年和八六二年之間被放逐。這一段時間正好和留里克抵達俄羅斯的日期相吻合，也就是他從西方編年史中消失的時間。當時瑞典斯堪地貿易商，橫行海洋掠奪，早就已經知道這片土地居住著斯拉夫人，尤其是斯堪地人尋求新的貿易通道，朝向東羅馬帝國拜占庭的首都「偉大城市」米克拉加爾的途中，也就是朝向當今的土耳其伊斯坦堡的行經路線。米克拉加爾這個城市在所謂的南方，而且是位於很遙遠的地方。當時拜占庭皇帝的菁英瓦良格衛隊，都是來自斯堪地納維亞的傭傭兵。

因此，當多雷斯塔德的留里克，發現自己被國王下令滾回家好好休息，為什麼他不給自己在這建造新的公國呢？首先，他在拉多加和自己的扈從建立了一座堡壘，很快地接管內陸的貿易基地，稱之為霍爾姆加德。霍爾姆加德即為後來的諾夫哥羅德（新城），是一座偉大的城市，也是舊俄羅斯的中心。然而，雖然所有的證據都顯示他是被邀請來俄羅斯；但是，唉，很明顯的缺乏可以相信的實證。留里克的冒險，只是象徵著斯堪地納維亞人向南和向東遷移過程的一部分。他們有的時候是商人，但更多時候是敵對的入侵者，在野蠻的兼併中，不只是侵略當地，還會相互吞併，十世紀阿拉伯編年史家伊本・魯斯塔說：「他們後來會說，因為不信任彼此和周遭的人，一個人沒有三名武裝同伴的陪伴保護，絕不能到戶外去行方便」。儘管當地存在危險，但是土地的魅力是不容抗拒的。向南面看，再向東面看，都是起伏的草原，這些都是突厥部落的領地，領地上居住著遊牧民族，例如保加利亞人和可薩人。他們要求鄰國斯拉夫部落進貢，例如波利亞內人（平原人）居住在南部城市的基輔附近，但是沒有定居在土地上。再往西南是君士坦丁堡，斯拉夫人稱爲沙皇的皇城，交易站最遠達到黑海，但是君士坦丁堡缺乏向北方冒險的意志，亦無進軍的興趣。

西邊是馬扎爾人和西斯拉夫民族，例如波希米亞人。在建造國家的過程中，完全由德國人統治。簡而言之，這是一片擁有諸多部落和零散的定居地，斯堪地納維亞人稱之爲加達里基，也就是「土地塔」（land of towers）——但是沒有國王。當地有寬闊而湍急的河流，尤其是德維納河和聶伯河、伏爾加河，以及頓河。在此有著虛擬的水路、突襲的關鍵路線，以及由駕著淺桴船橫行的瓦良格人。他們採用淺桴船進行交易或是旅行，是由於容易攜帶，此外也容易拖曳。例如，從芬蘭灣沿著涅瓦河航行到拉多加湖，像留里克一樣，然後前往源頭的伏爾加河，這也是一條歐洲最長的河川，只需五到十公里的運輸路段。旅行者在陸地上攜帶船隻，然後一路向南直奔裏海。在這一塊土地上，有木材、琥珀、毛皮、蜂蜜，還有最令人稱頌的商品：奴隸。更重要的是，有一條通向君士坦丁堡的貿易路線，直達「絲綢之地」。東方人都知道，這兒已經是穆斯林人的領地。北方的斯堪地納維亞人已經採用貨物和白銀進貢，一直到公元八六〇年的叛變爲止。這一場反抗，迫使他們離開位於歐洲大陸西北方的部落，遠離了木牆堡壘的家鄉；但是我們也很難知道，他們爲什麼要離開家鄉。

事實上，就在留里克定居在諾夫哥羅德的同時，另外兩名維京冒險家阿斯科爾德和迪爾，已經帶著了他們的夥伴，並且占領了斯拉夫西南地區的城市基輔，並且以此當他們的基地。這些人對君士坦丁堡進行襲擊，但是沒有成功。大約半個世紀之前，也有其他來自斯堪地納維亞的冒險家，嘗試掠奪黑海南部海岸。斯拉夫人稱這些瓦良格征服者爲「俄羅斯」（可能來自芬蘭語「羅奇」，芬蘭人對於瑞典人的稱呼），因此俄羅斯[1]的土地誕生了。

基輔俄羅斯

留里克的繼任者是奧列格（公元八七九至九一二年在位），奧列格是留里克的頭號將領，也是留里克年幼兒子伊戈爾的攝政王。事實證明，奧列格既無情又狠辣，俘虜並且殺死了阿斯科爾德和迪爾，並且在公元八八二年占領了基輔。他將首都從寒冷的北方諾夫哥羅德遷往基輔，幾

[1] 譯注：本書為了統一閱讀，皆通稱為俄羅斯。

個世紀以來，這裡一直都是俄羅斯的主要城市。當伊戈爾（公元九一二至九四五年在位）在公元九一二年接替奧列格，成爲基輔大公的時候，留里克王朝眞正誕生了。隨著時間的推移，斯堪地納維亞羅斯人、斯拉夫人，以及其他臣民通婚，文化相互融合。在某些方面，他們輕易的融入了異教信仰。例如，斯拉夫人的雷神佩倫和斯堪地納維亞人的雷神非常相似。也因此，一個新的國家正在興起，主要沿著河道沿線的木寨城鎭、小村莊、堡壘，以及貿易站。

從不斷的征服、貿易、定居，以及聯盟關係，我們共同見證基輔的力量不斷地增長。基輔對君士坦丁堡發動過突襲，但是基輔也經常被外界排斥。後來基輔也在公元九〇七年和九一一年之間，和君士坦丁堡簽訂了條約。世界上最偉大的城邦君士坦丁堡將基輔視爲新貴，看待基輔爲值得尊重的新興力量；即使君士坦丁堡不是平等對待基輔。此外，斯拉夫的塞維利安部落和德雷夫利安部落被基輔征服，但是代價相當高昂。後來伊戈爾被德雷夫利安人殺害，伊戈爾的遺孀奧爾加，又血腥報復了德雷夫利安部落。

不過，基輔人並非沒有挑戰者。他們成爲了征服者、海盜，以及商人。基輔人不僅是因爲貪婪，也是因爲需要。新的遊牧勢力佩切涅格人，在南部崛起。斯拉夫人的《古史紀年》詳細描述了這一段歷史，從公元九一五年起，佩切涅格人不斷攻擊他們，特別是從聶伯河下溯進攻。這一條河，已經成爲俄羅斯繁榮的貿易中心。佩切涅格人將聶伯河谷地，當成是他們在夏季放牧和狩獵的場地。聶伯河谷地環繞著九座花崗岩山脊，正位於基輔的東南方。當春天融雪季節，河水上漲，並且蔓延到河岸，這些堤岸被破碎的船體沖毀，堤岸瞬間淹沒。但是有時候擱淺的破船，會形成水流障礙。因此，航行者會將船隻從水中拉出，並且拖曳到了陸地。在那個時候，基輔人特別容易受到佩切涅格人的攻擊，斯維亞托斯拉夫大公（約爲公元九四五至九七二年）在試圖擊退佩切涅格人在激流中的襲擊時被殺，他的頭骨後來變成了遊牧民族的酒杯。正如基輔人周旋在斯拉夫部落之間，進行自我的保護。當基輔人可以逃脫之時，他們還要面臨鄰近的民族的威脅，例如佩切涅格人的肅清。

斯維亞托斯拉夫曾經是一位武士大公，自信到傲慢的地步。他的長子奧列格和短命的繼任者雅羅波爾克，似乎都缺乏了安全感，以至於兄弟互相殘殺。雅羅波爾克他殺死了他的兄長奧列格。公平地說，奧列格可能會先出手，並且迫使他的另一個弟弟弗拉基米爾，離開諾夫哥羅德堡壘。然而，弗拉基米爾在公元九八〇年帶著瓦良格傭兵部隊潛回諾夫哥羅德堡壘，殺死了哥哥雅羅波爾克，並爲自立爲王。最後，他改變了俄羅斯的歷史樣貌。

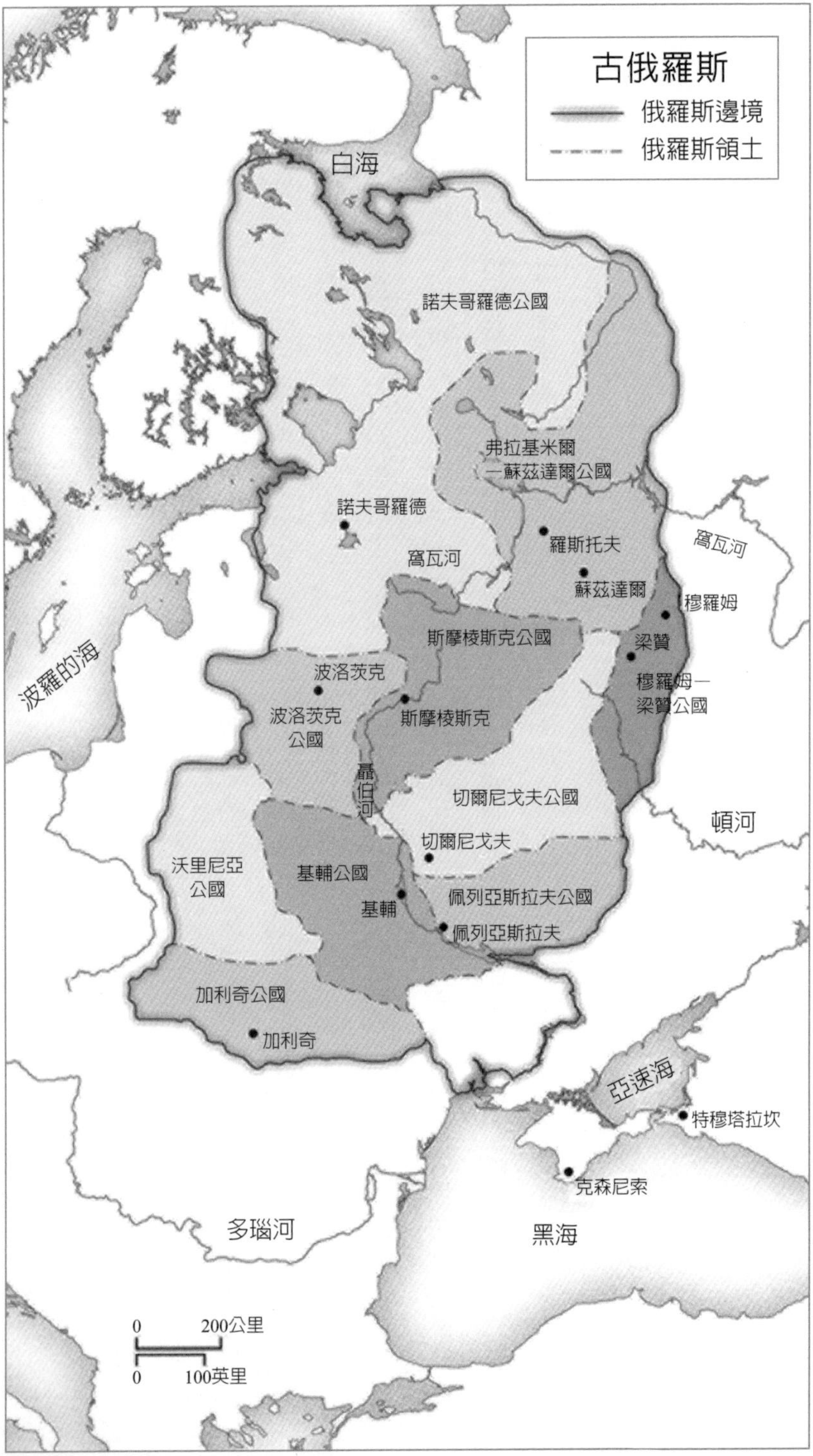
古俄羅斯
俄羅斯邊境
俄羅斯領土
白海
諾夫哥羅德公國
弗拉基米爾
—蘇茲達爾公國
諾夫哥羅德
羅斯托夫
窩瓦河
窩瓦河
蘇茲達爾
穆羅姆
梁贊
穆羅姆—
梁贊公國
斯摩棱斯克公國
波洛茨克
波羅的海
波洛茨克
公國
斯摩棱斯克
聶伯河
切爾尼戈夫公國
頓河
切爾尼戈夫
沃里尼亞
公國
基輔公國
基輔
佩列亞斯拉夫公國
佩列亞斯拉夫
加利奇公國
加利奇
亞速海
特穆塔拉坎
克森尼索
多瑙河
黑海
0
200公里
0
100英里

弗拉基米爾大帝

弗拉基米爾（約公元九八〇至一〇一五年）是帝國的奠基者。斯維亞托斯拉夫是典型的瓦良格大公，也是頑強的戰士掠奪者。他在航行到沙皇格勒掠奪時是親自划槳，而他的兒子弗拉基米爾則是計劃型的政治家，渴望將俄羅斯人帶到維京根源地以外土地，在他的統治之下開疆拓土。弗拉基米爾和佩切涅格人作戰、征服部落、奪取城鎮，並且不斷折磨伏爾加保加利亞人。他在基輔周圍設置了防禦工事，採用蛇城牆抵禦南方的攻擊，在十一世紀建好之後，延伸了一百公里。他也在別爾哥羅德、佩列亞斯拉夫爾，建立了新城，並且建造了聶伯河沿岸的防禦港口，藉由堡壘以阻止佩切涅格人侵入海灣。他採用沙皇格勒的希臘建築商建議，使用傳統的木牆，並且採用未燒製的磚塊加強防固。

弗拉基米爾從君士坦丁堡引進新技術的原因，是他決定皈依基督教，並且迫使俄羅斯的領主和臣民仿效，但是很難找到早期的證據。他之前曾下令在基輔的小山上建造異教寺廟，巨大的木製偶像，俯瞰著這座城市。他也似乎擺脫了反對基督徒的一種周而復始的施暴行爲。然而，在公元九八八年，弗拉基米爾下令推倒異教偶像，基輔的居民在無形的壓力之下，在聶伯河畔進行強制洗禮。儘管幾個世紀以來，基督教會和異教會共存，因爲基督教會只會在現實中慢慢取代異教會。堅貞信仰和國家權力，將重新定義俄羅斯今天的親密聯盟關係。

弗拉基米爾爲什麼要這樣做？傳說他派出使節，評估當時主流信仰的吸引力。他拒絕猶太教，是因爲相信猶太人被驅逐出家園，證明上帝不與猶太人同在。他拒絕羅馬天主教，是因爲基輔的大公無法服從教皇的權威。他拒絕伊斯蘭教，因爲伊斯蘭教禁酒。據說，弗拉基米爾指出：「喝酒是所有俄羅斯人的快樂來源」；「沒有這種快樂，我們就無法存在」。似乎這種刻板印象，有著俄羅斯人悠久的血統。相反的，來自拜占庭的基督東正教贏得了他的青睞，因爲他的使者在巨大的圓頂聖蘇菲亞大教堂大殿中，大肆宣揚聖體和聖禮儀式。

「我們不知道自己是在天上還是在地上，也不知道怎麼形容這多麼的美麗，我們只知道神住在人中間，神的服務，比其他國家的儀式更加公平」。東正教一直在俄羅斯人中傳播，尤其是在擁有貴族頭銜的領主和酋長之中。之後，流傳在俄羅斯標準的西里爾語，來自於希臘語。公元九世紀拜占庭傳教士聖西里爾和美多迪烏斯修改過，以迎合斯拉夫語。弗拉基米爾的祖母奧爾加（攝政於公元九四五至九六〇年）受洗成爲基督徒，這並不是因爲她表現出基督徒的慈悲，耶穌基督說：「如果有人打你右臉，就把左臉也給他打」；奧爾加因爲要爲惡名昭彰的丈夫伊戈爾報仇，她活埋和焚燒了德雷夫利安部落的使者。此外，基輔長年不斷的宗教騷亂證明了忽視異教徒和基督徒之間的緊張關係，其實是有風險的。拜占庭基督教不需要向遠方的精神領袖屈服，並承諾與沙皇格勒建立更爲密切的關係。據消息來源指稱，弗拉基米爾已經攻占了克里米亞半島的克森尼索，並入侵拜占庭領土；根據阿拉伯人的著作，希臘人受到內戰的驚懾，希臘皇帝巴西爾二世迫切需要盟友。無論採用哪種方式，弗拉基米爾都抓住拜占庭的弱點，並且尋求王朝之間的聯盟。

弗拉基米爾的目標是要娶皇帝的妹妹安娜；代價不僅是要軍事支持，還包括爲他自己和人民信仰基督教。交易達成之後，弗拉基米爾在克森尼索受洗。後來，他被聖化爲聖哲大公弗拉基米爾，等同於使徒；但是這一種看似虔誠的舉動，實際上是冷酷無情的治國之道，包括重申他是俄羅斯最偉大人物的地位，並且鞏固了強大的鄰國，以及最富有的貿易夥伴關係。

曾經經歷過流放的弗拉基米爾，或許也認爲這是爲未來準備的良好避風港，以防萬一他再次遭受這樣的生命橫逆。儘管如此，他又統治了將近三年。隨著基輔土地的不斷擴張，他持續意識到統治龐大的國家的困難程度，他任命他的兒子們爲大公，派職進入城市。他讓貢品繼續朝向基輔，但是在這個時代，道路相當稀少，河川路線基本上只侷限於南北旅行，城市之間森林茂密，但是人煙稀少。基輔大公無足輕重，附庸紛傳基輔大公無法管理城市的日常瑣事。基輔任命的大公擁有武裝隨從、親信、寵臣、甚至自我的利益優先事項。除非大公駐守在邊境，並且需要幫助擊退外侮，否則爲什麼需要對基輔效忠？

第一個對此議題進行測試的是智者雅羅斯拉夫，他在一〇一四年停止向父親弗拉基米爾效忠。弗拉基米爾開始集結力量，重振權勢，但是他已經病入膏肓，還沒來得及發動懲罰性遠征，次年病逝。結果是僞裝效忠的兄弟之間的血腥爭鬥，並且引發另外一處崛起的大國波蘭參與。雅羅斯拉夫的哥哥斯維亞托波爾克可能是受到了他的岳父波蘭伯爵波列斯瓦夫的鼓勵，已經密謀反叛他的父親。在接下來的幾年中，基輔首先被斯維亞托波爾克占領，然後是雅羅斯拉夫入侵，因爲他們正在爭奪統治地位。雅羅斯拉夫招募了瓦良格僱傭兵。雅羅斯拉夫贏了，但是他開創了血腥家庭手足相殘的先例。他的侄子，位於波洛茨克的布里亞切斯拉夫，將飢餓的目光投向諾夫哥羅德豐盛的市場。而布里亞切斯拉夫的兄弟，強盛的切爾尼戈夫和南部特穆塔拉坎的姆斯蒂斯拉夫軍隊，正在向基輔進軍。直到一〇三六年，所有其他競爭對手都被淘汰之後，雅羅斯拉夫（一〇三六至一〇五四年在位）終於成爲基輔大公、諾夫哥羅德大公，以及全俄羅斯的統治者。

這是一場勝利。但是，與所有制高點相同，除了落下之外，別無他處。

分裂和轉機

成功得來不易，雅羅斯拉夫的統治自相矛盾。他收回了被波列斯瓦夫奪取的土地，征服了現在愛沙尼亞的領土，並擊潰了佩切涅格對基輔的圍攻。雖然一〇四三年對於君士坦丁堡的海軍攻勢失敗了，但是儘管如此，他還是設法與沙皇格勒[2]簽訂了新的條約，並讓他的兒子弗謝沃洛德迎娶拜占庭公主（公主似乎源源不絕）。拜占庭帝國擁有和平、貿易，以及豐收的土地。白銀源自君士坦丁堡、阿拉伯世界，以及北歐。俄羅斯的城鎮繁榮起來，市場在成長，木牆撤離，因爲越來越多的居民在防禦工事下安頓下來。隨著基輔聖索菲亞的白牆和金頂大教堂竣工，其他城市開始爲嶄新的信仰，建造類似的建物，以奠定致敬的基礎。

所有這一切顯然都是進步的標誌，也是基輔的福音，大公可能會獲得更多的貢品。然而，這也埋下了政治分裂的種子。俄羅斯人的土地，基本上視爲家族遺產。大公會將城市指派給他的兒子們作爲大公領地，或者指派給受信任的總督，稱爲波薩德尼克。大公可能會根據實際需要和實缺，在城市之間流動。例如，雅羅斯拉夫最初於一〇一〇年從羅斯托夫前往諾夫哥羅德，當時他的兄弟維亞切斯拉夫去世，他的弟弟鮑里斯則占領了他離開的城市。

大公的合法性在於大公擁有的實力，但是軍事力量是有其侷限。他會有個人扈從，但是扈

【2】譯注：君士坦丁堡。沙皇格勒（Tsargrad）是斯拉夫語對希臘語的翻譯，由斯拉夫語詞彙凱撒、皇帝（tsar）、城（grad）組合而成，意為「凱撒之城」、「皇城」，是斯拉夫人語言中君士坦丁堡，現今土耳其的伊斯坦堡。

從最多可能只有幾百人，足以徵稅和保護大公，而不是一支作戰部隊。除此之外，他還可以從國外，或是從自己統治的城鎮徵收稅費。但是這有其自身的成本和風險。這麼做的原因，通常取決於一年中糧食收穫時間，以及他在人民之中的受歡迎程度。

然而，沒有明確的繼承程序，足以解釋了弗拉基米爾死後的兄弟相殘的騷亂，然後是一〇五四年雅羅斯拉夫的動亂。大公的位置應該給長子還是長兄？十一世紀下半葉週期性地發生殘酷的內戰和紛爭，因爲這些問題一直在爭論，解決之後，最後又重新燃起紛擾。在某種程度上，這正是因爲城市基輔和圍繞的公國變得更加強盛。公國提供了經濟基礎，讓大公之間擁有更多的空間進行私戰。他們特別是通過市議會，提高了聲量。理論上，市議會是一個可以聽到所有自由男性公民聲音的地方，儘管在實踐中，往往是富人和權勢者的工具。在諾夫哥羅德，已經成爲一座面向波羅的海的貿易城市，議會扮演特別強大的角色，甚至可以自己決定誰應該成爲總督。然而，也有跡象表明，市民可以憑藉自己努力，成爲一股政治力量。例如，在一一一三年，基輔人民成功地請求佩列亞斯拉夫爾的弗拉基米爾·莫諾馬赫大公（一一一三至一一二五年在位）成爲他們的大公，儘管根據諸侯的共識，王冠應該屬於沃利尼亞的雅羅斯拉夫。莫諾馬赫大公猶豫著要反抗大公集體的反對，直到基輔人警告他說：「來吧，大公，到基輔來吧」；「如果你不來，要知道會激起很多邪惡」。邪惡會繼續威脅一切，從對當地猶太人的大屠殺，到無端攻擊自己的姑嫂。

諷刺的是，整個十二世紀，對基輔的控制權主導和大公的地位越來越受到重視，並且持續在進行爭奪。新的大公不得不與競爭對手抗衡，因爲多個王朝血脈，都在努力維護自身的力量或權利。然而與此同時，俄羅斯的國家本身在政治上變得支離破碎，形成了公國聯盟。在不同的時期，有些諸侯國變得半獨立，而另外的諸侯國則和基輔特別緊密地聯繫。最後，他們都是一個俄羅斯領土的一部分；他們將基輔視爲不僅是一種獎品，也是文化、信仰，以及身分的中心。但是諸侯並不一定將自己視爲大公的臣民，他們完全願意制定自己的政策。實際上一〇九七年在柳貝克舉行的領袖會議中常態化。爲了提出反對遊牧民族入侵的統一戰線，同意結束大公可以在城市之間輪調的舊制。取而代之的是，王位應在血蔭之中繼承，領土將在繼承中劃分。因此，誕生了俄羅斯封建主義，即使規則經常遭到扭曲和破壞。

因此，基輔在多個文明和政體的十字路口中崛起，並成爲一座在貿易和征服土地基礎上的首都。然而，在許多方面，到了十三世紀初，基輔的野心，已經超出了影響力。這座城市富裕而受人尊敬，從玻璃吹製業到珠寶產業，不斷發展工業。這也是俄羅斯東正教教堂的中心，亦爲雄心勃勃的諸位大公之間的夢想。然而，基輔並不負責他們的權利，大公們的權力，正在不知不覺中從指縫中溜走了。歷史考古證據表明，儘管發生了零星的王朝衝突，俄羅斯仍然繁榮昌盛。基輔週期性地改朝換代，但總是迅速重建和興起。諾夫哥羅德人正忙於開闢通往西伯利亞北部的新貿易路線，城市中擁有波羅的海商戶繁忙的社區。弗拉基米爾—蘇茲達爾公國正在向保加利亞領土推進。即使是新的遊牧民族，例如，庫曼人和欽察人開始威脅，俄羅斯人統稱爲波洛夫茨人，這也是可以控制的。遊牧民族於一〇五五年首次出現，到了一〇六一年襲擊了俄羅斯人的土地。儘管遊牧民族在一〇九三年擊敗了弗拉基米爾・莫諾馬赫領導的軍隊，但他還是集結部隊將入侵異族逐出。一〇九六年，異族繼續襲擊，經常是大肆掠奪基輔的修道院；但是不會對俄羅斯人構成生存威脅，甚至附庸的部落還會爲基輔服務。

俄羅斯人不知道的是在波洛夫茨人的背後，是一種新而危險的遊牧民族的挑戰，並且將波洛夫茨人驅向西方。蒙古人來了。而且分裂、自私自利的俄羅斯公國，根本不知道蒙古人是什麼。

諾曼人征服

古代俄羅斯血腥政治的來龍去脈，似乎已經是遙不可及。到了今天，幾乎無關緊要。然而，俄羅斯的任何歷史，都必須從這一點開始。不僅僅是出於時間順序的需要，還因爲人們可以在這些時代和現代之間，劃出一條直接明瞭，而且血腥的界線。以民族弱點當成是一場起源故事，界定出了基調。特別是因爲這不僅僅是一種關於民族弱點的故事，而是一種擁抱征服，並且從故事中創造新事物的絕活。俄羅斯在世界中的地位，甚至許多基本假設，都可以追溯到留里克、弗拉基米爾、雅羅斯拉夫，以及其他繼任者的時代。

首先，俄羅斯廣闊的土地中心與邊緣之間，不斷產生鬥爭。即使在現代通信傳播時代，這也是不可避免要面對的挑戰。從鬥爭中產生的權力格局，到了無數公國合併、分裂，以及競爭，到了公國聚集到中央極權，然後再次失去公國，成爲俄羅斯的建國基礎。其次，俄羅斯注定永遠被強大的大國包圍，這些強國威脅到俄羅斯的生存，又留給俄羅斯深刻的印象，從文化、技術、軍事，以及經濟實力，受到俄羅斯人的抵制和仿效。可以說，這是一種處於世界十字路口的國家命運。

從歐洲到亞洲，無論是位處於北方還是南方的國家，都將基輔視爲偉大貿易路線中間的重要轉運站。在基輔，思想就像財富一樣容易流動，基輔這個城市，同時也是任何正在崛起的帝國目標。

在俄羅斯的北部，瓦良格人擁有權力和目標，新的統治階級產生，同時也面臨到不斷的挑戰。南邊是快速攻擊的蠻族佩切涅格人，成爲俄羅斯人新興抵禦的威脅，但從來沒有被徹底擊敗。再往南，君士坦丁堡提供了文化資本和貿易實力，因此基輔最嚮往的就是成爲俄羅斯的沙皇。在西方，德國人和波蘭人等新興挑戰者正在崛起，他們不斷蠶食俄羅斯的邊界土地，而且開始干涉俄羅斯的王朝政治。

那是俄羅斯活躍的歷史。俄羅斯總統弗拉基米爾・普丁肯定地說：「我們已經意識到國家千年歷史，充滿了不可分割性和完整性」。俄羅斯人是歷史電影和書籍的渴求消費者。電影中充斥充滿激情的運動場景，中世紀的戰士在木牆堡壘前進行模擬混戰，穿著華麗制服的擲彈兵和驃騎兵，在虛構的拿破崙戰爭中發生衝突。在某種程度上，這是擺脫了前蘇聯正統觀念冰冷控制下的新創故事；但這也是一個國家為了渴求動員，藉以達到國家自身目的之一種鼓舞。喬治・歐威爾的名言說：「誰控制了過去，誰就能夠控制未來」。這句話可能言過其實，但是克里姆林宮當然願意嘗試。

普丁的世界觀是一個同樣陷入困境的俄羅斯，儘管現在中國可能是新的君士坦丁堡，同時成為恐懼、嫉妒、貪婪，以及迫切需要結盟的對象。普丁反對敵對，防範墮落的西方，以及防範南方動蕩的伊斯蘭教國家。他重複了歷史上的相似之處，例如在二〇一四年，他警告說西方：「惡名昭彰的遏制政策，開始於十八、十九，以及二十世紀，今天仍在繼續著。西方國家不斷試圖將我們逼到角落中，因為我們擁有一種獨立的位置。」

當俄羅斯被內部分裂削弱之後，新的標準路線，就會成為外部勢力的祭品。對於一個熱衷於鼓勵團結，並且將反對派描繪成不愛國的政府來說，具有明顯的優勢。事實上，普丁積極尋求將外部世界醜化，描繪成試圖將和分裂分子、反政府活動家，以及其他政敵合作的對象。這正是爲了製造這一種不團結和脆弱的國家特性：「他們很樂意讓俄羅斯遵循南斯拉夫解體的情景，進行肢解。」

歷史成爲地緣政治的指南。由於基輔大公無法依靠其他大公的支持，佩切涅格人才會襲擊聶伯河貿易路線。只有當基輔強大的時候，希臘人才會平等對待基輔，基輔的邊界才會安全。隨後弗拉基米爾大帝的死，導致王朝鬥爭，並且打破了團結，讓瓦良格人、佩切涅格人，以及波蘭人在俄羅斯政治中攪和。結果基輔遭到掠奪，基輔將西部城鎮，賣給了波蘭人。在史詩般的伊戈爾戰役的故事中，描述了十二世紀反抗遊牧民族的運動，敘述者在當天的內戰中對雙方進行了抨擊：「現在降下你的旗幟，收起你失去光澤的劍。……在你的煽動中，你開始煽動異教徒反抗俄羅斯的土地。波洛夫齊土地上的暴力，是源自於你們之間的衝突」。今天，普丁的宣傳機器，同樣呼籲異見領袖和抗議者，以俄羅斯統一和安全的名義爲重，擱置對於國家的不滿。

但是普丁只是遵循了長達幾個世紀的一種傳統，將世界解讀爲一種充滿敵意的掠食者。如果俄羅斯放鬆警惕，隨時準備遭受鄰國突襲。現在，危險來自於分裂，但也很可能是來自於落後。俄羅斯必須跟上鄰國——無論付出什麼代價——否則就會面臨不斷的失敗。正如史達林在一九四一年強硬地答辯，他想合理化這一場兇暴的工業化和集體化計畫。這是一場殺害了數以百萬人的歷史悲劇的過去。史達林以一種野蠻的歷史史觀說：

她被蒙古可汗擊潰，被土耳其人擊潰，被瑞典封建領主擊潰；被波蘭和立陶宛縉紳階級擊潰，被英法資本家擊潰；被日本武爵階級擊潰。都是因爲她太落後了，軍事落後、文化落後、政治落後、工業落後，以及農業落後。

正如我們將要看到的，有時確實是因爲經濟或政治上的弱點，讓俄羅斯在其漫長而血腥的歷史中，遭受到外國列強的貶低。然而，大多數的情況，並非如此——或者至少，這不是全部的答案。但是，不管是一種乏味的客觀論述，或是併用構建恢弘歷史敘事方法，通常和建構豪奢和野蠻建設計畫的國家領導人無關。

俄羅斯的歷史，在今天如此生動眞實，而且容易渲染的原因之一，也許正是因爲幾個世紀以來，政客以充滿激情的方式強加改寫。新的神話堆疊在舊有的神話之上，創造了這一種復刻的身分。因爲這片土地上的人民，試圖通過創造共有的神話，來解決他們缺乏力道和共同身分的問題。這些神話將命運和脆弱，轉化成爲驕傲的目標。俄羅斯從未被征服，例如，他們邀請了新大公前來統治。這對於十八世紀以來新一代俄羅斯歷史學者來說，仍然太過於托妄。歷史學家將其稱爲「諾曼主義」[3]（Normanism），並且聲稱，斯拉夫人不需要任何瓦良格人。相反的，他們自己建立了自己的國家，而俄羅斯這個名字來源於一個古老部落的名字。在歷史上相當可疑，但是這一種民族主義的觀點，讓俄羅斯人感到欣慰。這種觀念暫時成爲了新的正統，直到麻煩的學術精確程度，讓這種觀點邊緣化。然而，在蘇聯時代，俄羅斯民族覺得有日耳曼血統的想法，是不可能接受的。因此，拒絕外來者的諾曼主義，一度成爲國家的教條。

弗拉基米爾奪取克森尼索，同樣成爲莫斯科政權在二〇一四年呑併克里米亞的理由之一，理由是這會使半島成爲俄羅斯東正教的搖籃。與此同時，即使他們的軍隊在頓巴斯地區作戰，莫斯科和基輔的歷史學家也在爭奪，誰可以聲稱弗拉基米爾大帝是他們自己的：「作爲一位基輔大公，這是否是說，現代俄羅斯的精神祖先，實際上是烏克蘭人？」或者他的留里克王朝血統證

【3】譯注：諾曼人也譯作北人或北方人，是古代歐洲的民族，起源於丹麥、冰島、挪威等地，原屬於諾斯人中的一支維京人，公元十至十一世紀，他們征服了現在法國北部的大片地區，並且將這一塊土地稱為諾曼第。後來在首領羅洛的領導下，宣誓效忠西法蘭克國王查理三世，羅洛成為第一任諾曼第公爵。諾曼人通過皇室的贈與，獲得了土地，並且反過來將土地交給了追隨者。這種土地占有形式，稱為封建主義，一度被諾曼人在一〇六六年引入。「諾曼主義」（Normanism）是外來者建立封建政權的代名詞，諾曼人征服和定居的過程，強調土地保有權。「諾曼主義」強調國王和領主，往往將彼此視為夥伴，建立一種互惠互利的關係。

明，烏克蘭眞的只是俄羅斯的半獨立的地區？從古代歷史、民族神話，以及現代戰爭來看，這個說法可能比我們想像的更爲接近，而且在俄羅斯的土地上，更是如此。

延伸閱讀

可悲的是，關於這個迷人時代的可以閱讀的研究很少。西蒙・富蘭克林、喬納森・謝潑德的《七五〇年至一二〇〇年俄羅斯的出現》（一九九六年朗曼出版），仍然是基礎文本之一，儘管這不是一本容易閱讀的書。帕維爾・多盧哈諾夫的學術著作《早期東歐斯拉夫人：從最初的定居點到基輔的俄羅斯人》（一九九六年勞特利奇出版）。珍妮特馬丁的權威書籍《九八〇年至一五八四年中世紀俄羅斯》（二〇〇七年劍橋大學出版）的前半部，是一本更容易理解的概述專書。弗拉基米爾・沃爾科夫的《俄羅斯維京人弗拉基米爾》（二〇一一年俯瞰出版）是一本非常易讀的弗拉基米爾大帝傳記，但是坦白說，這不是一本無懈可擊的歷史記載。我最後要指出的是，大衛・尼可的短篇故事《七五〇年至一二五〇年中世紀俄羅斯軍隊》（一九九九年魚鷹出版）不僅僅是對當時戰爭攻勢，進行漂亮的總結，還有安格斯・麥克布萊德手繪的精彩圖片。

第二章

爲了我們的罪，來了不知名的部落

時間軸

1223年	卡爾卡河之戰。
1237-1240年	蒙古入侵俄羅斯。
1240年	基輔落入蒙古人之手。
1267年	俄羅斯東正教教堂，收到來自欽察汗國的特權。
1325年	卡利塔・伊凡一世成為莫斯科親王。
1340-1360年	黑死病肆虐俄羅斯。
1359年	「頓河英雄」迪米崔成為莫斯科大公。
1380年	庫利科沃之戰。
1382年	托赫塔梅什大汗洗劫莫斯科。
1462年	伊凡三世成為莫斯科大公。
1480年	烏格拉河上的大舞臺：欽察汗國附庸國的終結。

迪米崔大公被拉多涅日的塞爾吉烏斯（1849年）祝福的淺浮雕，頓斯科伊修道院。

根據《編年史》記載，一三八〇年在迪米崔大公的領導之下，俄羅斯公國的軍隊從莫斯科出發，聚集在庫利科沃。在那裡，他們面對欽察汗國的強大勢力，也就是蒙古韃靼人。蒙古族自上個世紀開始，進行殘酷的征服。儘管寡不敵眾，但是俄羅斯人仍然以智取勝，戰勝了敵人。第一次首發攻擊由武修士佩列斯維特發起的。如此一來，俄羅斯人便擺脫了長期以來壓迫的蒙古枷鎖。「迪米崔親王以歡迎儀式，迎接偉大勝利的歸來者，就像是摩西戰勝了阿梅萊克一樣。俄羅斯土地是和平的，她的敵人蒙羞了。」《編年史》寫道。此處描繪的淺浮雕，曾在莫斯科偉大的基督救世主主教座堂中，然後移至頓斯科伊。

史達林將修道院建築物，炸成瓦礫，這是修道院曾經展示故事中的經典場景。虔誠的迪米崔大公跪下接受拉多涅日的聖塞爾吉烏斯的祝福，他是俄羅斯東正教的偉大人物之一，周圍環繞著來自俄羅斯各領地的騎士。塞爾吉烏斯身後站著佩雷斯維特，即將被表彰爲大公的服務。前面提到的《編年史》，記錄了迪米崔・伊萬諾維奇大公的生與死，這是一篇浮誇淺薄的悼詞，是在一三八九年大公去世之後不久委託編寫的。採用兩種相互交織的神話進行剪裁，成爲莫斯科統治教會，試圖將自身置於俄羅斯復興的核心之中，這仍然是一項正在進行的工作。佩雷斯維特，這個人可能從來都沒有存在過。迪米崔的軍隊，也不是來自於俄羅斯公國的特遣部隊所組成；有的置身事外，有的如梁贊公國之流，居然加入了對方。雖然迪米崔確實贏得了這場戰爭，在河岸戰鬥之後，獲得了頓河的蘇布里克特・頓斯科伊，但這不是所謂聲稱的決定性勝利。僅僅兩年之後，蒙古軍隊就將莫斯科洗劫一空，迫使迪米崔重申對於欽察汗國的效忠。再過一個世紀，俄羅斯人仍然不得不派遣裝滿白銀的篷車，向遙遠的薩萊首都進貢。

不過，對於大多數俄羅斯人來說，這也沒有什麼大不了的。事實上，「蒙古枷鎖」這個詞，在當時絕對不會被任何人掛在嘴邊。俄羅斯的征服相當野蠻，但是讓人驚訝的是他們的統治非常公平，對於俄羅斯人來說，白銀輸往基輔、莫斯科，還是薩萊，並沒有什麼區別。眞正成爲俄羅斯歷史上關鍵的時刻，只是未來。但是，這是一種強調神話的力量。整體塑造了現代政治文化、對於中國的態度，甚至塑造了自由主義者對於國家不斷歐化的輸誠讚嘆。最重要的諷刺意義是，讓原本小型狩獵村莊崛起成爲新俄羅斯的中心：「莫斯科」，正是蒙古人。

三兄弟

俄羅斯民間傳說中反復出現的主題是三位兄弟，包含了萊赫、捷克，以及俄羅斯。他們被公認爲是三位斯拉夫民族的創始人：波蘭人（萊希特人）、捷克人，以及俄羅斯人。然而，三兄弟的故事描述了大哥強壯公平，二哥聰明富有冒險性，三弟最年輕，要嘛，就爛透了；要嘛，就是一個純潔的笨蛋。

好吧，在從前，有三座城市。每一座城市代表了俄羅斯基本採取的不同道路。基輔，是最偉大的。在很多方面，表達了傳統的封建制度，其中的權力通過家族血統彰顯。基輔是俄羅斯人的心臟，以共同信念表達出來的靈魂力量。當世襲大公試圖主張某項權利之時，會經常發生爭執，但所有的僞裝輸誠的世系子孫，基本上都分享了權利，以及相同的世界觀。其中一方面是希望爲家族中爭權奪利的大公，囊括更多的土地，以及通過領主世襲的分享遺產的封地習俗，不斷地通過血腥革命，進行遺產分割。基輔是一座王侯城市，儘管僧侶編年史都呈現崇高的虔誠和謙遜價値，但是基輔人炮製戰爭、遂行詭計、確保王朝聯盟、勒索傳統藝術貢品的技能，以及好運，讓基輔貴族不斷地崛起。

以北部的諾夫哥羅德來說，這是一座貿易城市。其影響的範圍，延伸到波羅的海，以及周遭的國際化港口。然而，更多的權力來自於富有的權貴和粗暴的寡頭民主。諾夫哥羅德市的居民大會，居民擁有眞正的發言權，每年當選的市長，往往比大公擁有更大的權力。讓人刮目相看的是，這座城市的市長，經常被暱稱爲「諾夫哥羅德大帝」，彷彿市長是主人，而大公被看成是僱員。根據《諾夫哥羅德編年史》，一一三六年諾夫哥羅德市市民決定驅逐弗謝沃洛德大公。他們把這些都歸咎於他的過錯。第一，他不關心農民。第二，他爲什麼要統治佩列亞斯拉夫爾？第三，在最近的一場戰爭中，他逃掉了，並且拋下了軍隊。對諾夫哥羅德人來說，大公是他們的傀倔和戰爭領袖。如果他忽視了他的人民，顯然他渴望居住在另外一座城市之中，而不願意帶領他們的軍隊繼續戰鬥，那麼他就無法勝任大公這個職務。於是，他被開除了。雖然其他的大公，會更有效地統治這個乖戾的城市，弗謝沃洛德既不是第一位，也不是最後一位被居民衡量和發現能力不足的傢伙。一二七〇年，有一位雅羅斯拉夫大公，發現自己放錯了位置。諾夫哥羅德的人回復他說：「大公，離開吧，我們不要你。否則我們會到諾夫哥羅德，將你趕出去。」後來，他離開了。

所以，諾夫哥羅德擁有自身的文化。基督教在諾夫哥羅德生根發芽的時間更長，一直到一〇七一年，還發生了異教騷亂。主導城市政治的貴族，既是商業鉅子，又是一位戰士。這座城市的市場貿易區位，是所有俄羅斯人的重要白銀來源。貴族並且承擔了運送伏爾加河沿岸所需要的食物。這也象徵著諾夫哥羅德，幾乎和其他的俄羅斯城市一樣，都算是北歐城市。諾夫哥羅德隨後捲入了波羅的海政治，與瑞典發生衝突，領導者擊退了諸如：「劍兄弟」和「條頓騎士團」等強悍的基督教十字軍組織的襲擊。並且，支持在利沃尼亞的盟友，建構爲北歐知識系統潮流體系。簡而言之，諾夫哥羅德是商業城市，貴族通過貿易和探索，振興了諾夫哥羅德。在某種程度上，諾夫哥羅德的地位，有點像是文藝復興早期木牆林立和洋蔥圓頂教堂的義大利城邦的簡化版。

然而，當基輔和諾夫哥羅德都處於鼎盛時期，最小的弟弟莫斯科，幾乎不是一座鄉鎮。

一一四七年，即將成爲基輔大公的「長臂尤里」尤里・多爾戈魯基在莫斯科安排了一場會議，這是莫斯科第一次登上歷史舞臺。儘管如此，當蒙古人到來俄羅斯，基輔被摧毀，諾夫哥羅德變得更卑微，莫斯科卻蓬勃發展。莫斯科城不但成爲了所有俄羅斯人的主人，而且還會強加自身的政治文化，融合了俄羅斯傳統、蒙古習俗，以及莫斯科的實用主義。

蒙古人的到來

南部和東部的遊牧民族和半定居民族，一直都是俄羅斯的長期問題。公元九世紀，黑海草原的猶太—土耳其可薩汗國，向俄羅斯人挑戰，要求控制伏爾加河貿易路線。來自中亞的佩切涅格人也是一大威脅，但佩切涅格人發現自身受困在西邊的俄羅斯堡壘後方，並且受到來自東方挑戰者的攻擊。攻擊者包括了庫曼人，也被稱爲波洛維茨人。這是十一世紀和十二世紀的嚴重問題。然而，沒有一種民族對於俄羅斯人來說，構成眞正的生存威脅。事實上，鄰近民族在不偷襲俄羅斯的時候，他們進行交易，或者在持續不斷的王朝鬥爭當中，充當傭兵，這似乎是俄羅斯大公們與共同樂見的事實。

儘管當時沒有人知道，但在遙遠的東方，有一股力量正在崛起，將重塑歐亞大陸。十二世紀末，蒙古人戰士鐵木眞，後來被稱爲成吉思汗，正在團結遊牧民族聯盟。鐵木眞開啓了過去世界中從來都沒有過的一種征服時代，他的繼任者開始認爲擁有神聖的使命，以薩滿信仰的統治神騰格里信仰（漢語譯爲長生天）的名義，將統治權擴展到世界各地。定居的人民遭到征服；其他遊牧勢力被併入或是摧毀。中國、中亞、中東的大部分地區，落入在這支強大的草原軍隊的手中，蒙古族的野蠻、迅捷，以及像是弓箭一般強而有效的能力，運用於外交、虛假資訊，並且帶來了絕望。

到了十三世紀初，取代佩切涅格人的波洛維茨人，面臨來自東方的更新、更強大，更尖銳的遊牧威脅，發現自身同樣處於絕望的境地。

庫曼族闊天汗逃到他的女婿加利奇的勇敢大公姆斯季斯拉夫大公的宮廷，並發出嚴厲警告：「可怕的異族占領了我們的國家，如果你不來幫助我們，他們明天就會占領你的國家。」新的記載說，在德涅斯特河畔有一支蒙古軍隊，姆斯季斯拉夫出發迎戰他們。俄羅斯人和庫曼族盟友淪入陷阱，並在卡爾卡河遭到擊潰。

但是，這只是成吉思汗的長子統帥朮赤的先遣入侵部隊，所以蒙古人沒有跟進這一場勝利。俄羅斯人不知道他們將面臨的威脅的規模和兇險的程度。蒙古人——也被稱爲韃靼人——看起來既神祕又兇殘。正如《諾夫哥羅德編年史》所說：「爲了我們的罪孽，出現了一支未知的部落。沒有人知道他們是誰，或者他們的出身、信仰或語言……只有十分之一的俄羅斯戰士經歷了這場戰鬥。」由於沒有立即入侵，俄羅斯人設法說服自己，無論蒙古人是誰，被俄羅斯人勇敢的反抗精神嚇倒了，不知何故這一種慘敗，被視爲是一種大膽的反抗。

直到一二三六年，也就是朮赤之子拔都率領主力部隊西進，波羅夫特人的最後殘餘被粉碎，然後拔都轉向了俄羅斯人。在接下來的幾年裡，俄羅斯人被一場場大火和刀刃的風暴所折磨。一座又一座城市被占領，俄羅斯人分裂而且毫無準備，無法抵抗入侵者。驕傲的基輔進行了戰鬥，並且被如此兇殘野蠻部隊所支解，據說五萬人口之中，只有兩千人倖存。六年之後，教皇特使寫道，廢墟上散落著「無數死人的頭骨和骨骸」。精明的諾夫哥羅德吸取了教訓，先發制人地採用白銀和投降策略，來換取生存。

似乎沒有什麼措施，能夠阻止蒙古人勢不可擋的西征。拔都的軍隊繼續前往匈牙利和波蘭，當時葡萄酒發揮了軍隊無法發揮的政治作用。窩闊臺大汗繼承成吉思汗，他是拔都的叔父。當朝臣曾試圖限制窩闊臺喝酒，他因爲嗜酒，而惡名昭彰，在整夜狂歡之後，窩闊臺於一二四一年因爲酗酒而突然暴斃。雖然拔都繼續在戰場上取得勝利，但是他面臨著可能是一系列圍攻，其中勝利的代價會超過掠奪的價值，而且在異常溫暖潮濕的天氣中伴隨著閃電，會讓快速移動的蒙古騎兵陷入困境。或許是因爲聽到窩闊臺的死訊，拔都才鬆了一口氣。他回到遙遠的蒙古國首都喀喇崑崙，參加選拔新大汗的談判。

蒙古軍隊從中歐撤出——但是俄羅斯仍處於蒙古族的控制之下，也就是欽察汗國領土的一部分，因爲龐大的蒙古領土的西部被稱爲欽察汗國。在傳統的俄羅斯說法中，隨之而來的是兩個多世紀的亞洲專制統治，在此期間，俄羅斯人在「蒙古枷鎖」下呻吟，與歐洲其他地區隔絕。當然，事實要複雜得多。

「蒙古枷鎖」？

蒙古人採取更多的是征服，而不是管理。由於蒙古帝國太大，而無法作爲一種單一的統治單位，欽察汗國變得越來越自治，在俄羅斯東南部，靠近伏爾加河下游流入裏海的地方的薩萊建立了首都。蒙古人對於將自己信仰強加於他們的臣民不感興趣，從十三世紀中葉開始，伊斯蘭教占了主導地位。相反的，他們期待秩序、貢品、順從，以及服從。因此，他們樂於依賴能夠提供服務的臣民大公。起初蒙古人任命派任的地方總督巴斯卡克，但是很快就撤回了，因爲事實證明，俄羅斯大公願意爲欽察汗國工作。

大多數臣民充其量已經習慣了在小池塘中做大魚，因爲只是對於另外一位主子效忠和納稅。在許多方面，誰處於食物鏈的頂端，對於他們來說幾乎沒有什麼差別。他們將前往欽察汗國首都薩萊，希望得到以可汗的名義統治公國的授權。有的時候，某座城市造反，或是未能對於某些旅行的蒙古顯貴表現出必要的尊重，結果將帶來血腥的報復。更多的時候，敵對的大公會在自身的私仇和王朝鬥爭之中，尋求獲得薩萊的支持。

總體來說，這是宗教寬容的時代（一二六七年，大汗明確將俄羅斯東正教置於其保護之下，以免除稅收和兵役）和蓬勃發展的貿易。對於莫斯科市和統治的留里克王朝來說，這是一種特殊的機會。在最初的入侵中，莫斯科和許多其他國家一樣被摧毀和焚燒，但隨著城市恢復，大公們證明了以最快和最有效的方式，了解了遊戲的新規則。大公們成爲欽察汗國最熱情、最有效，也是最無情的代理人。無論是提高稅收還是懲罰叛軍，莫斯科的大公們，都會熱切地進行薩萊政權需要的事情——並且確保他們在這一場過程之中，獲得豐厚的利潤。

亞歷山大・涅夫斯基在蒙古人入侵之前，曾是諾夫哥羅德的大公，從條頓騎士團（認爲俄羅斯東正教是異教徒，並不比穆斯林好）的天主教十字軍中，拯救了俄羅斯西北部。涅夫斯基從一剛開始就支持與欽察汗國的和解。欽察汗國爲了回報，授予他弗拉基米爾—蘇茲達爾大公爵位，這實際上取代了基輔，成爲俄羅斯諸侯爵位中首席的標誌。涅夫斯基嘗試並取得了相當大的成功，此後幾乎始終如一地保持涅夫斯基這個頭銜，並因此博得了聲望和致富機會。莫斯科是他遺產中最不重要的城市之一，所以當他去世時，它就交給了他最小的兒子，兩歲的丹尼爾。

涅夫斯基的繼任者尤里（一三〇三至一三二五年在位）在薩萊度過了兩年的百無聊賴的政治

時光，並且與欽察汗國的可汗烏茲別克的妹妹孔察卡結婚。尤其是受到聯姻聯盟的啓發，尤里還被任命爲弗拉基米爾—蘇茲達爾的大公。然而，莫斯科仍然陷入對於俄羅斯公國的統治地位的爭奪鬥爭之中。

位於俄羅斯中部梁贊公國，尤其是特維爾，在尤里去世之後，伊凡一世大公（一三二五至一三四一年在位）採用一石二鳥之計，自願領導鎮壓鄰近特維爾的暴動。他不僅有機會率領蒙古軍隊對抗他的對手，而且還獲得了被封爲大公的獎勵。

伊凡一世大公因積累的財富而被稱爲「錢包」伊凡．卡利塔。金錢和權力往往會吸引更多相同的東西，他能夠用錢擴大莫斯科的統治疆域。伊凡一世購買了較小的公國，例如貝洛澤羅和烏格里奇；其他例如羅斯托夫和雅羅斯拉夫爾，通過婚姻，納入了王朝的控制。留里克王朝拿走的，他們會保留下來。伊凡實行長子繼承制度，整個遺產都傳給了長子，而不是分成多個領地，但是家族企業仍然集中，而蓬勃發展。

伊凡的繼任者是驕傲的西蒙（一三四一至一三五三年在位），開始將目光投向諾夫哥羅德，從那奪取了利潤豐厚的托爾若克鎮。伊凡二世（一三五三至一三五九年在位）不太成功，尤其是因爲此時俄羅斯遭受了黑死病的蹂躪，四分之一的人口病死。伊凡被留里克王朝視爲一位無情的機會主義者，也是軟弱和被動的君主。相比之下，他的兒子迪米崔（一三五九至一三八九年在

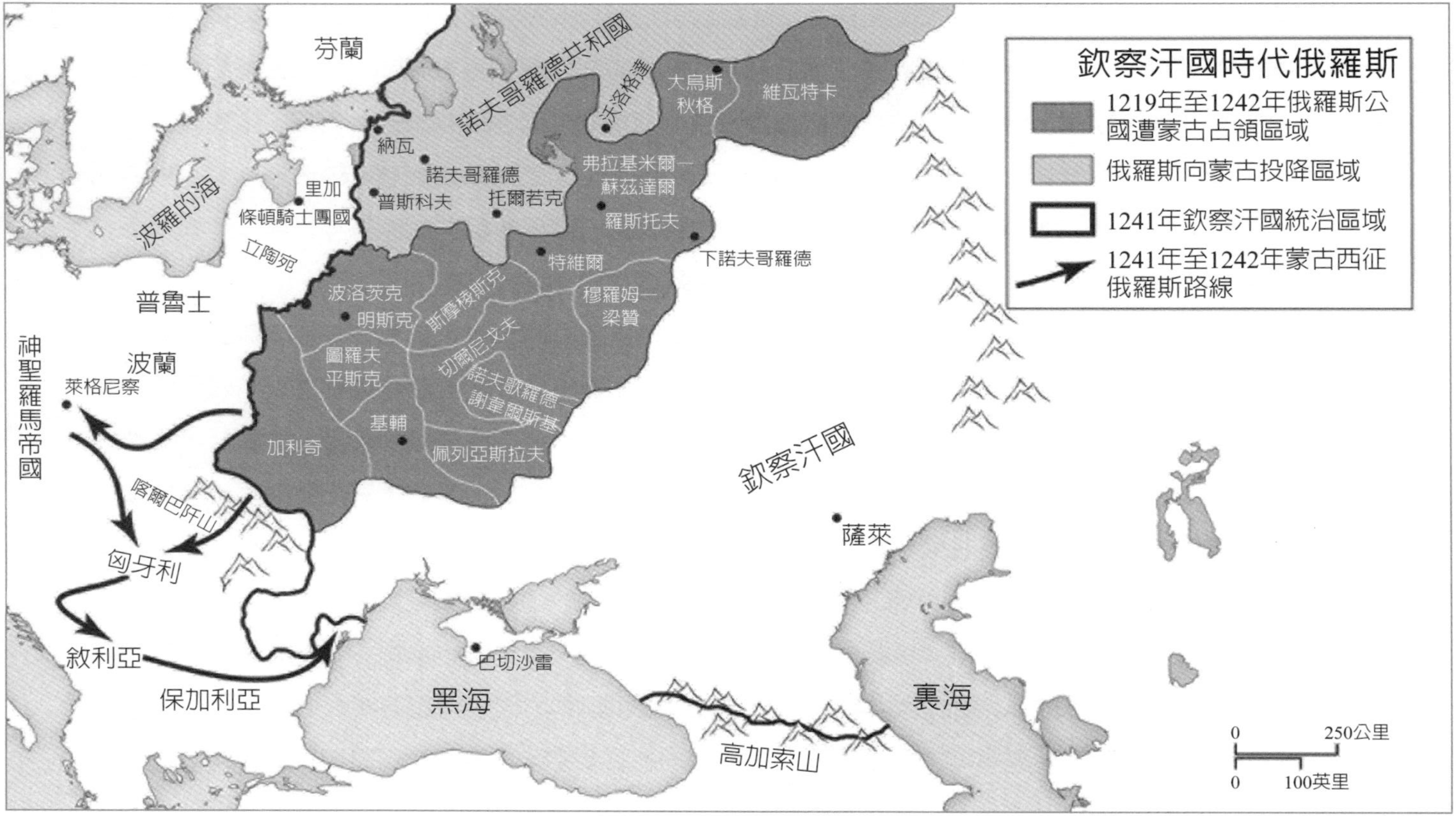

欽察汗國時代俄羅斯
1219年至1242年俄羅斯公國遭蒙古占領區域
俄羅斯向蒙古投降區域
1241年欽察汗國統治區域
1241年至1242年蒙古西征俄羅斯路線
芬蘭
諾夫哥羅德共和國
沃洛格達
大烏斯秋格
維瓦特卡
納瓦
諾夫哥羅德
普斯科夫
托爾若克
弗拉基米爾—蘇茲達爾
羅斯托夫
下諾夫哥羅德
特維爾
里加
條頓騎士團國
波羅的海
立陶宛
普魯士
波洛茨克
明斯克
斯摩棱斯克
穆羅姆—梁贊
切爾尼戈夫
諾夫哥羅德—謝韋爾斯基
圖羅夫平斯克
基輔
佩列亞斯拉夫
加利奇
神聖羅馬帝國
波蘭
萊格尼察
喀爾巴阡山
匈牙利
敘利亞
保加利亞
巴切沙雷
黑海
欽察汗國
薩萊
裏海
高加索山
0 250公里
0 100英里

位）大膽而富有想像力，並且進行了一場可能是災難性的放手一搏，但結果卻是真正讓莫斯科人統治了整個俄羅斯。

迪米崔和庫利科沃

迪米崔大公的戰略形勢，與前任大公大不相同。欽察汗國衰落，國力減弱，首領之間相互爭鬥，橫跨歐亞大陸的絲綢之路沿線的珍貴貿易量瞬間減少。與此同時，莫斯科似乎已經達到了其自身實力的頂峰，令人擔憂的是，莫斯科即將垮臺。這座城市現在滿布大教堂，周圍環繞著堡壘。一三二五年，俄羅斯東正教會的領袖彼得大都會主教，將其教堂座落搬到了莫斯科，象徵性地使莫斯科成為全俄羅斯的精神首都，而不是基輔或弗拉基米爾。

但是莫斯科不是政治資本，諾夫哥羅德對於莫斯科的霸權主張，越來越不屑一顧。梁贊公國和特維爾公國公開敵對；立陶宛大公國是西北部日益崛起的挑戰者，而莫斯科與欽察汗國的密切聯繫，曾經是財富和安全的源泉，往好的方面來說，事態變得不太有利；從壞的方面說，這是一種徹頭徹尾的問題。畢竟，這意味著這座城市，更有可能被捲入薩萊的內部鬥爭。在一三六〇年到一三七〇年，莫斯科主要是由喬希德的埃米爾・馬麥統治，馬麥是欽察汗國轄下的領導者，他狡猾地運用自己的利益，試圖讓莫斯科和特維爾互相對抗。首先以詔書授予迪米崔的弗拉基米爾大公，然後在迪米崔在沒有支付馬麥曾經要求的全部貢品之時，馬麥將爵位授予給了特維爾大公的米哈伊爾。

事情的眞相是，馬麥需要越來越多的銀子，來支助他在薩萊的政治陰謀，並且提出了不切實際的要求。最終，迪米崔將事情掌握在自己的手中，圍攻特維爾，並且強迫米哈伊爾授予他弗拉基米爾。這是一個重要的時刻：俄羅斯大公自己決定這座城市的命運，而不是等待薩萊的決定。

在這一點上，迪米崔大公並不是民族主義的反叛者。他並不是要讓俄羅斯脫離薩萊的統治，只是想利用機會重新談判，給予有利於莫斯科的條款。然而，馬麥面臨著一個名為脫脫迷失的可怕挑戰者。馬麥是一位策劃者，而不是像脫脫迷失那樣的將軍。他需要錢來購買軍隊和盟友——必須從心不甘情願的俄羅斯擠出一些錢——而且還需要證明自己是決定性的戰爭領袖。為此，他在一三八〇年發出了比平時更多的貢品的詔書。他預期迪米崔要嘛不願意服從，要嘛不能夠服從；於是馬麥開始召集一支強大的遠征隊對抗莫斯科，以武力要求貢品，並且展示軍事實力。

迪米崔並不想要一場戰爭。他的第一種直覺是試圖湊錢，但是當他聽說馬麥入侵時，他決定出於戰爭的必要，而形成為一種美德。如果他必須戰鬥，他會把這場戰爭變成對於欽察汗國的叛亂，並且立即利用戰爭，來鞏固莫斯科對於俄羅斯的統治地位的聲譽；並且將這座古怪的莫斯科城，變成了俄羅斯獨立的急先鋒。

「灰狼從頓河和聶伯河的口中嚎叫著」；史詩《頓河以外的地區》說「準備衝進俄羅斯的土地。但這些不是灰狼，而是惡毒的韃靼人，他們想要在俄羅斯的所有土地上戰鬥。」馬麥聚集了大約五萬名士兵，包含了蒙古韃靼人、亞美尼亞人，來自於克里米亞貿易站的熱那亞僱傭兵。參加馬麥部隊的有約蓋拉大公，領導五千名立陶宛人，以及梁贊大公奧列格領導下的一千名士兵。梁贊大公奧列格統治的東南部城市，距離薩萊太近，無法甘冒反抗的風險。迪米崔能夠召集大約只有三萬人的力量，其中一半來自莫斯科及其附屬城市。在某種程度上，這種不成比例的人數，反映了其他大公對於莫斯科野心的普遍懷疑：諾夫哥羅德、特維爾，甚至迪米崔的岳父，蘇茲達爾的迪米崔康斯坦丁諾維奇大公，都對此表示懷疑。

兩支軍隊在庫利科沃相遇，馬麥急於在冬季季節之前，取得勝利，迪米崔迫切希望在梁贊公國和立陶宛特遣隊得到增援之前，將敵人擊潰。這是一場殘酷、血腥的戰鬥——「人在鐮刀下像乾草一樣倒下，血流如溪水」——但是俄羅斯的決心和狡猾，最終贏得了勝利，迪米崔在最後時刻發動了一次伏擊，扭轉了馬麥的側翼攻擊，並且徹底擊潰了他。迪米崔可能損失了三分之一的軍隊，但是獲得了大量戰利品。更重要的是，迪米崔被譽爲擊敗強大欽察汗國的俄羅斯勝利。

這是神話和現實分歧點最大的地方。這是一場毫無疑問的戰場勝利，但卻不是政治轉折點。馬麥在逃至克里米亞，被熱那亞僱傭兵殺害。脫脫迷失鞏固權力之後，率領軍隊返回，燒毀了莫斯科，並迫使迪米崔屈服。俄羅斯人繼續成爲蒙古韃靼可汗的附庸，直到蒙古韃靼在一四八〇年被迪米崔的曾孫伊凡三世（一四六二至一五〇五年在位）在烏格拉河畔擊敗。在其間的一個世紀裡，莫斯科緩慢地繼續將所謂的「俄羅斯土地」兼併過程，以鞏固對於公國之間的控制。儘管如此，大公們繼續前往薩萊確認他們的爵位，王朝戰爭和城際競爭，繼續有增無減。

外國統治的終結

現實就是如此。這個神話在當時廣爲流傳，並且在此後的幾個世紀之內不斷發展。這是一場決定性的戲劇性勝利，證實了莫斯科不僅是俄羅斯最重要的公國，而且其地位也得到了上帝的認可。畢竟，「頓河英雄」迪米崔培植了教會勢力，還特意邀請外國商人和他一起去庫利科沃，以便他們可以傳播他勝利的消息。儘管他的繼任者經常面臨嚴峻的挑戰，但是迪米崔無疑避免了莫斯科令人憂心的衰落。現在，庫利科沃是俄羅斯民族主義的聖地，一九八八年迪米崔被任命爲俄羅斯東正教會的聖人。二〇一〇年，俄羅斯東正教會的主教長基里爾說：「這場戰鬥向所有人證明，俄羅斯就像一個強大的線圈，能夠跳出，擊退任何對手，並且繼續獲勝。」

然而，更廣泛地說，所謂的「蒙古枷鎖」時代已經成爲俄羅斯想像中的自己——以及許多局外人——的核心。傳統觀點認爲，蒙古統治使俄羅斯遠離了當時正在經歷文藝復興和宗教改革早期階段的歐洲。貧窮的俄羅斯人沒有經歷那幾個世紀的文化、社會、經濟，以及宗教的變革，而是迷失在卡爾・馬克思幻想地稱之爲「蒙古奴隸制的血腥沼澤」中。與此同時，俄羅斯人內化了無情的「亞洲式」的統治形式，在這種統治形式中，絕對的權力自上而下以絕對的野蠻方式行使，要求自下而上的絕對服從。莫斯科作爲與欽察汗國聯繫最緊密的城市，最熱情地採用了這種政治文化，在聚集俄羅斯土地的同時，也使其成爲了自己的形象。

也許，在某種程度上，這裡有眞相，但只是漫畫版的部分眞相。首先，蒙古征服並沒有將俄羅斯封存厚裹在「蒙古包的氈簾」之中。商人和使者、流放者，以及傳教士仍然來回旅行。諾夫哥羅德在波羅的海保持立足點，莫斯科大公與君士坦丁堡和立陶宛，建立了王朝聯姻。河流隔絕東西向的地理環境，讓穿越廣袤森林的旅行格外困難。此外，俄羅斯相對其他國家的貧窮環境，可能也是對於任何地理孤立形式的同等解釋。畢竟，即使俄羅斯逃離了蒙古人的入侵，還會有文藝復興嗎？在很大程度上，這種從義大利和荷蘭城市的中心傳播的運動，是由於農業產量提高，以及商業階層和城市人口迅速增長的結果。蒙古人的入侵，無疑阻礙了俄羅斯的城市化，以及以城市爲基礎的手工業經濟；而額外的朝覲貢賦負擔，也對貿易和農業擴張產生了影響。即便如此，也很難想像在俄羅斯深藏於密林中，可以產生的文藝復興運動。

歷史學家認爲，俄羅斯人最終採用了蒙古式的躉式（wholesale）統治方式。從俄羅斯文字中，借用蒙古治理相關的字詞中引用中證實了這一點，從「詔書」（yarlyk）（現在用於定制郵票）到突厥語族「金錢」（dengi）。然而，專制主義幾乎不是亞洲人的發明，在適當時候被莫斯科大公採用的沙皇、皇帝一詞源於拉丁文凱撒，實際上適用於拜占庭統治者。在面向君士坦丁堡的基輔，受惠於薩萊的莫斯科，可以很容易地找到俄羅斯專制統治的基礎。

毫無疑問，欽察汗國對於後者莫斯科的影響更大，尤其是因爲許多大公在他們的蒙古主人那裡度過了多年，但於每個人都將枷鎖，歸咎於所謂的俄羅斯傾向，這是一種權宜的神話。專制，對於俄羅斯人來說，蒙古人給予了他們不在場證明。對於過去和現在的俄羅斯的外部批評者來說，這同樣提供了一種完美的方式來「異化」他們，將他們定義爲西亞人，而不是東歐人，或者充其量是某種混血兒。「抓一個俄羅斯人；」十九世紀的法國格言說：「你會找到一個韃靼人」。

欽察汗國對於俄羅斯人的權威，比人們普遍認爲要影響大得多，而且往往取決於當地大公的支持。同樣，經常是大公利用薩萊來強化自身的計畫，並且謀取自身的利益。撇開最初入侵的破壞——誠然有很多事情要撇清——俄羅斯專制主義的根源，似乎可以在當時地點的客觀環境之中找到。一塊貧瘠的土地，在那裡大公們需要牢牢控制他們的城市和他們的農民，以便從他們那裡盡可能取得更多的稅收。在這片土地上——遠離蒙古人令人欽佩的快速郵政路線——消息和郵件傳播速度緩慢。不管是蒙古或是俄羅斯之類的威懾霸權——對於自治邦非常嚴厲。可以肯定的是，欽察汗國就像之前的君士坦丁堡一樣，給了權力的慣習，就像是另一種複寫紙上的書寫層。但是俄羅斯仍然是代表自己的國家，伊凡三世——伊凡大帝——和其繼任者，即將有機會展示他們是一個什麼樣的國家。

延伸閱讀

珍妮特・馬丁的《九八〇年至一五八四年中世紀俄羅斯》（二〇〇七年劍橋出版），仍然是這個時代最好的通用教科書。儘管羅伯特・克魯米的《一三〇四年至一六一三年莫斯科的形成》（一九八七年朗曼出版）的第一部分，值得筆記。查理士・哈盔的《俄羅斯和欽察汗國：蒙古人對中世紀俄羅斯歷史的影響》（一九八五年約翰威利出版）、丹諾奧斯特維斯基的《莫斯科與蒙古人：一三〇四至一五八九年對草原邊境的跨文化影響》（一九九八年劍橋出版），是在該領域的學術經典。《我們稱之為韃靼人：蒙古人的故事》（一九九六年布蘭登出版）是喬瓦尼・迪普萊諾・卡爾皮尼對他十三世紀一路前往喀喇崑崙的旅行記述的翻譯。對於那些想要更多地了解庫利科沃，以及我們對其想要了解，以及不了解的讀者，我在《一三八〇年庫利科沃：成就俄羅斯的戰鬥》（二〇一九年奧斯培出版）中，介紹了這一點。

第三章

專制，出自於上帝的旨意

時間軸

1462年	伊凡三世成為莫斯科國王。
1480年	烏格拉河對峙，結束欽察汗國的附庸。
1497年	通過《蘇德布尼克法典》。
1533年	三歲的大公伊凡四世加冕大帝。
1547年	伊凡四世加冕沙皇。
1549年	第一次全俄羅斯縉紳會議。
1550年	新法典修訂，成立火繩槍營。
1551-1553年	征服喀山汗國。
1565-1572年	特轄區。
1584年	伊凡逝世。
1605-1613年	動盪時代。
1613年	米哈伊爾·羅曼諾夫被選為新沙皇。

問任何青少年，生活在令人尷尬的父母教導之下，總是很困難。然而，對於俄羅斯來說，這也很彆扭需要承認，但是不能忽視今日對於俄羅斯的定義，從國家向南和向東擴張之中，可以追溯到伊凡四世，人稱恐怖伊凡。誠然，俄羅斯格羅茲尼的更好翻譯是「恐怖伊凡」，甚至是「令人敬畏的伊凡」，無論這些名稱讓他聽起來像個加州衝浪者。通過任何標準檢視，他都是一位非凡的人物。他建造現代化俄羅斯國家的基礎，創造了一座國中之國，發動恐怖震懾人民，甚至向英國女王伊麗莎白一世求婚（這是她可以拒絕的提議）。

一五八一年伊利亞·列賓令人痛心的畫面捕捉到了這一刻，伊凡一怒之下打破

伊利亞・列賓畫的《恐怖伊凡和他的兒子》的細節，伊凡於1581年11月16日星期五。（1885）

了他的兒子頭，並且殺了他。所有俄羅斯的沉默臣服者，都嚇得目瞪口呆，他已經步入晚年，瞪大了眼睛，心中喚起了偏執和無盡的悔恨。這不僅僅是個人的悲劇，這還留下了脆弱和隱居的費奧多爾，作爲他唯一的繼承人，因此引發了一系列使俄羅斯陷入叛亂、入侵、政變，以及混亂的漩渦事件。

從這個「困難時期」浮出之際，將出現統治俄羅斯的新羅曼諾夫王朝，直到一九一七年王朝結束。儘管俄羅斯的許多歷史，都認爲這是一場關鍵的轉折點；

事實上，後蒙古時期的俄羅斯，從一個紛繁複雜的公國，到莫斯科國家的眞正轉變發生，應該在更早的時期。伊凡三世（一四六二至一五〇五年在位）開始了這個進程，但這是他的孫子伊凡四世（一五三三至一五八四年在位）塑造了未來的俄羅斯，他首先是國家建設者，然後是現狀的破壞者。

俄羅斯土地的聚斂

每一個人，都是踩在他人的肩膀之上。伊凡只能是驚悚，因爲他的前輩一直很聰明、無情，以及專注於聚斂。像是伊凡一世卡利塔大公已經開始進入莫斯科，開始了俄羅斯土地的聚斂。而迪米崔爲了維護王朝的領導而捍衛，他的兒子伊凡三世獲得了暱稱「大帝」，尤其是爲了莫斯科領土的大肆擴張。伊凡三世充滿活力、不屈不撓通過征服和外交賄賂，統一俄羅斯的土地。一四七八年諾夫哥羅德的軍隊終於被攻破，向老對手屈辱投降，超過四分之三的領土被占領。一四八〇年，沿著烏格拉河，諾夫哥羅德的軍隊遭到殲滅，俄羅斯終於結束了從屬於蒙古韃靼人的假象。在西邊，諾夫哥羅德與瑞典人，從立陶宛人手中奪取了城市。

同樣重要的是，伊凡三世的變化。他將意識形態導入了權力架構。一四五三年，君士坦丁堡終於淪入鄂圖曼帝國之手。莫斯科聲稱自己是「第三羅馬」。伊凡認爲自己是眞正東正教的最後堡壘，這也成爲莫斯科的信念。伊凡的第二任妻子是拜占庭公主蘇菲婭．帕列奧羅格，並且聲稱他也是東羅馬帝國的政治繼承人。從來沒有人會因爲自我懷疑而受苦，變得更謙遜，伊凡變得越來越專制。君士坦丁堡的雙頭鷹標誌，被挪用爲莫斯科公國的標誌，莫斯科不知不覺地採用了拜占庭宮廷禮儀。儘管這些都是來自於羅馬的提議，伊凡「砰的一聲」，關上了任何住處的大門。雖然東正教蓬勃發展，修道院和天主教堂像蘑菇一樣，如雨後春筍在全國湧現。但是，隨之而來的是一種新的保守主義。以前很少有女性扮演較爲嚴肅的角色——甚至是國際化的諾夫哥羅德，也有一位女市長瑪法伯雷茲卡雅——但是在十六世紀，莫斯科的貴族們，正在讓他們的姐妹、妻子，以及女兒，要與世隔絕，遠離公眾的視線，並且遠離男人的陪伴。伊凡大張旗鼓地打造莫斯科，已經差不多了。

莫斯科是布拉格和佛羅倫斯的兩倍，他也是到「皇城」「沙皇格勒」君士坦丁堡的合適的繼任者。伊凡邀請義大利建築師擴大克里姆林宮，強化了建築群，建造了塔樓和教堂成爲他的新貢品。象徵主義反映了實際權力的變化。傳統上，至少預計一位大公會諮詢莫斯科的貴族們，有關如何處理偉大的領主土地。但是，伊凡將貴族簡單地視爲空氣。雖然是他的孫子伊凡四世，首先正式獲得沙皇的稱號；然而，這也是這個詞彙開始蔓延使用的時刻。

一四九七年，莫斯科公國的領土，獲頒標準化法律體系《蘇德布尼克法典》，法典條文含蓄而強制，莫斯科大公對於地方官員的權力越來越大，地方官員的自由度越來越小。農民現在只被允許每年十一月的俄羅斯聖喬治節的兩個星期，和主人搬到新造的村子。當伊凡奪取諾夫哥羅德的土地時，創造一種全新的國家地役權制度。他分配給士兵居住的莊園，以換取軍事服務。確實，這成爲了統治菁英的整體模型，他們被束縛在稱爲「門第制」系統的複雜等級體系之中（實際上，這是一種貴族尊卑有序，世襲職務的制度的「地方主義」），這是一種爲大公服務的世襲官職。這在獨立混亂，而且經常相互競爭的貴族家庭——在理論上——變成了服務於單一種貴族。甚至附屬於城市的大公，現在不被視爲皇室。城市大公的領土不再屬於他們的繼承人。專制制度已經進入到了俄羅斯，所有這些地方自治和王權綁手綁腳的傳統，全部被載入了史冊。

崛起的沙皇

瓦西里三世（一五〇五至一五三三在位）鞏固了他父親伊凡三世的成功之處，但是他在一五三三年去世，留下了他的兒子和繼承人伊凡，在年幼的年紀被封爲大公。他父親的死，只是塑造一位扭曲男人心中的創傷。伊凡將成爲俄羅斯的第一任沙皇。他的母親葉蓮娜・格林斯卡婭，最初以她的名義攝政統治，但是五年之後，傳說死於一場毒殺。貴族中的攝政成爲政治常態，叔伊斯基家族、貝爾斯奇家族，以及葛林斯奇家族爭吵不休。伊凡這一位被忽視的孩童大公，窩居宮殿中的廚房，吃著殘羹剩飯來苟延殘喘。

在後來的信件中——坦白說其眞實性受到質疑——伊凡抨擊他和兄弟尤里（尤里是聾子，因此沒有資格參加王位角逐）被當作「流浪漢和窮人家的孩子對待」。這是一種艱辛甚至危險的環境，當然也促成了終生對於安全區域的探索，無論是物理的、政治的，還是道德性的。但是伊凡同樣終生無法感受到這種感覺上的舒適。另一方面，這也是一個溫室，年輕的大公很快學會了莫斯科的野蠻政治藝術。一五四一年，喀山汗國的軍隊在鄂圖曼帝國的支持之下，從南方入侵莫斯科。十一歲的大公在隨後的俄羅斯勝利中，發揮了重要作用，但是攝政王將他視爲傀儡，如同虛擬的吉祥物。因此，他也獲得了一種軍功酬償。在這一種預兆被視爲非常眞實跡象的時代，上帝的恩惠（或憤怒），這些象徵性的勝利，非常的重要。

在法庭上，伊凡開始變得自律。叔伊斯基家族已經成爲了統治者，他們試圖圍著年輕的大公，喧嘩的叔伊斯基家族熱衷於用酒精、狩獵，以及各種暴力活動，分散他的注意力。他當然都參加了這些活動，但是他並沒有忘記傲慢和腐敗的叔伊斯基家族利用他的名義做事時，心中在想甚麼。一五四三年十二月，雖然還只有十三歲，伊凡就下令逮捕叔伊斯基家族安德烈大公，並讓他的豢犬人將安德烈打死。這是一場合法大權和統治決心的鮮明表露。接下來的幾年中，伊凡和貴族們陷入尷尬局面，經常展現了苦澀的關係。伊凡需要他們來管理他的國家；但是卻不信任他們。他反覆無常，從譴責、逮捕，到和解，經常反映了這種基本的衝突張力。他需要新的鞏固力量，以反映對於貴族的控制規則的基礎，以及——伊凡的長期追求的對象——安全感。他找到了一種他祖父曾經採取的改革措施的重要的下一步。

一五四七年，大公加冕爲全俄羅斯的沙皇。他戴上標誌性的皇冠，標誌在莫諾馬赫帽儀式中使用，應該由拜占庭皇帝君士坦丁九世莫諾馬科斯孫子，弗拉基米爾・莫諾馬赫，也就是弗拉基米爾的創始人擁有。這當然是一種神話：君士坦丁和弗拉基米爾是十一世紀的統治者，王冠只是在十三世紀製造出來的器物。然而，和以往一樣，在構建敘事方面，事實排名第二位，權力和權威才是首位。大公，爲了他們所有的財富和權力，一直是同類中的佼佼者，並且是在這個時代倖存下來，強大的平等主義的傳統集會中的守舊者。現在，俄羅斯的統治者被認爲是，不只是大公或是國王；但是身爲一位皇帝，隨之而來神聖的使命，他才是眞正東正教的捍衛者，同時他的信仰也是俄羅斯人民的代禱上帝對象。此外，農民或男孩、士兵或牧師，都是服從單一的權威，並且由天堂的應許，以及地獄的威脅來決定。

建設國家

然而，伊凡並不僅僅依靠恐怖、王權，以及新的頭銜，他也不一定認爲權力自身，純粹就是目的。這個暴力，難以捉摸的人是眞正虔誠的教徒，他並沒有掉以輕心。在攝政王和貴族內訌的歲月裡，莫斯科對全國的權力影響，已經減弱了。管理不善，導致了當地的叛亂。來自貴族、城市商人、手工藝人，以及農民之間，似乎都有一種普遍的感覺，那就是需要改革和秩序，以結束這一種同類相殘的常態性競爭和剝削。他開始進行了一系列改革，以重塑俄羅斯。這是一種無情，但是效尤先王們的有效改革過程。在他的領導之下，俄羅斯國家官僚體制的基礎奠定了，法律得到了進一步的編纂，並且也定義了教會和王權之間的關係。一五四九年，伊凡在貴族和教會的神聖委員會的集會之中，他譴責了貴族集團，但是以和解的名義，他向他們保證，他不會因爲貴族集團過去的不法行爲，而懲罰他們。但是他威脅如果貴族將來挑戰他，他會怎麼做。他會像劊子手的斧頭，一樣懸在貴族的頭上。他宣布啓動廣泛的計畫，以強化和規範國家的改革。第二天，他削弱了那些在他親政之前州官的頑強權力。次年，伊凡頒布了新的法典，引入了王室對於總理府官員嚴格的審查。這意味著他要建立一種幾乎從頭開始就產生的中央集權的公民服務設施。這裡有現代俄羅斯國家的根源；伊凡的暴徒辦公室，是現代內政部的鼻祖。例如，創始負責人伊凡·維斯科瓦蒂也是大使辦公室創始人，同時也是該國第一位外交部長。

教會沒有躲過伊凡的改革熱忱。一五五一年，全國宗教領袖會晤的會議上，也就是後來俗稱的百人委員會，反映了伊凡認知中，更爲廣泛的政治議題，以及他是神聖統治者的新身分。伊凡設定了議程中，列出了關於神職人員問題列表，以解決神職人員的濫權問題。結果爲俄羅斯東正教帶來了新的統一教會，但通過更加強烈地肯定議案，來宣稱其對於沙皇制度的承諾。他的改革方案，無疑使國家更加現代化。貴族集團被迫進入第一線，並且受到新一代政客的挑戰。過去官員通過豢養，以維持生計——換句話說，舊官僚向下屬需索無度的勒索款項的方式，遭到禁止。取而代之的是以工資，或者更常見的是貴族以出租土地不動產，或是出讓辦公場所給國家。脾氣暴躁而驕傲的貴族集團，都被迫成爲依賴國家服務的縉紳們。

在伊凡三世早期努力的基礎上，伊凡四世正創造一種新的君主制度。這一種君主制度的合法性來自遺傳和神權，但是這一種權力，來自其代表，並且平衡不同勢力，包含了社會中的莊園：貴族、地主、主教、市民，以及農民。所有人都參加了土地代表大會。至少，這一種代表大會不過是一種橡皮圖章的議會。伊凡四世雄心勃勃、精力充沛，渴望採用這一場運動的成果，以確保國家的邊境安全無虞，並且擴展。諷刺的是，即便成功了，卻對於俄羅斯國門的安全，產生新的威脅。

匍匐前進的帝國

伊凡對於更強大國家的願景，寄託於轉變。那就是集結貴族的眷屬爲基礎的封建軍隊。因此，伊凡依賴於貴族的忠誠和效率，改變成爲君主制的軍隊。他在一五五〇年創立火繩槍營，隸屬於王權的親兵衛。雖然貴族仍在馬背上進行戰鬥。但是火繩槍營是一種武裝的步兵，配備武裝火繩槍、早期的手槍，以及傳統的俄羅斯長柄斧。更重要的是，他們既不是應徵入伍者，也不是來自於貴族階級。火繩槍營的士兵，最初都是來自城鎮、農村和社區的志願兵。其轄區範圍都是世襲的終身權利，糧餉是以小區的土地種植作物以滋養家庭，甚至在不服勤作戰的時候，可以允許進行小額貿易和手工藝賴以營生。

一方面，這是伊凡不斷需要嘗試各種方法，爲了自己創造一種安全感。他需要警察守衛莫斯科，同時也需要親兵衛守護克里姆林宮，而不需要貴族協助。然而，這也大大提高了俄羅斯的軍事能力，促進國家邊界的擴張。一五五二年伊凡成功征服了喀山汗國。伊凡沒有忘記喀山汗國在其統治期間，曾試圖入侵，他決心一勞永逸地面對這長期的威脅。俄羅斯的傳統技藝木結構建築隨即脫穎而出。一五五一年在伏爾加河畔斯維亞日斯克的一座堡壘，俄羅斯僅用了四週時間，從上游烏格里奇製造的組件，運用船運順流而下。第二年夏天，伊凡派出軍隊圍攻喀山，載滿一百五十支加農炮進行砲轟。喀山市的編年史（未載來源）報導，共計十一萬人被殺，超過六萬人成爲了俄羅斯的奴隸。

當南部公國都是屬於伊凡的，剩下的阿斯特拉罕汗國也於一五五六年被吞併。他並不理解這種擴張的眞實意義。首先，這標誌著俄羅斯從一種本質上同質化的國家，轉變爲多種族的國家。從一種來自於單一種族到複合種族，並且共享相同的信仰的國家，隨著俄羅斯的擴展，開始擁抱新的民族、新的文化，以及新的宗教。例如，諸多汗國的突厥穆斯林。這也帶來了俄羅斯和鄂圖曼帝國產生了直接衝突。在黑海和裏海之間，兩國之間的土地一直有相對的帝國野心。一五六九年，在第一次長達數百年的俄土戰爭，鄂圖曼人對阿斯特拉罕汗國發動了多次失敗的進攻。克里米亞汗國相信自己受到俄羅斯人威脅，俄羅斯也在鄂圖曼人的保護之下，一五七一年克里米亞汗國發動了進攻，打到了莫斯科的城牆。簡而言之，伊凡曾經試圖結束威脅——並且製造了新的敵人。

同樣的，在西方，俄羅斯發現自己與瑞典、立陶宛、波蘭，以及丹麥在爭奪進入波羅的海豐厚利潤的貿易路線。一五五八至一五八三年的利沃尼亞戰爭，實際上是一場亂無章法、時斷時續的戰爭。俄羅斯和諸多西方競爭對手僵持不下，沒有眞正的勝利者，最後以休戰告終。然而恰巧相反，俄羅斯失去了成千上萬百姓的生命、數不清的財富，以及部分領土。更重要的是，一個崛起的俄羅斯，在北歐進行的重大軍事冒險，意味著俄羅斯不再是一灘死水，而是好整以暇的嚴肅對手。對於歐洲列強來說，俄羅斯是嚴重的威脅。伊凡已經開始建立帝國——並且構成了威脅。

此時，俄羅斯眞正的擴張，是朝向東部，進入了森林和草原的鬆散的西伯利亞汗國。但是，莫斯科認爲時機成熟，向東侵略。基本上，侵略的任務交給了雄心勃勃的冒險家，尤其是富裕的史可岡諾夫家族，資助了一系列探險活動，藉由搶奪地方興建城堡，追求「軟黃金」（毛皮），以及在徵稅，控制毛皮方面的利潤，強化了貿易。就像歐洲征服新大陸，透過帝國從事商業剝削，並且輔以稅收，官僚集團跟隨冒險者一塊兒前進。以強制徵稅的初步需要，管理擴增的領土。不過，以目前而言，這是開放邊境，藉以吸引了各式各樣的叛徒、逃犯、傭兵、探險家、私掠者，以及奸商的時刻了。在下個世紀，俄羅斯每年都預計平均成長三萬五千平方公里的面積，大致相當於每年成長荷蘭或是馬里蘭州的領土。伊凡曾經希望找到一些利潤，並且意外發現了一個帝國。

恐怖和偏執狂

伊凡個性化的統治傳統，令人不安。他採用了一種更新的、更歐洲化的戰爭和治理方式，將國家治理陷入一種殺人不眨眼的狀態，這已經導致了國家內亂和入侵的間歇期，稱爲「困難時期」。無論出於何種原因——伊凡創傷性的童年生活，由於骨骼性疾病引起的疼痛，逐漸讓他癱瘓。伊凡的偏執狂導致他企圖尋求安全，形成了國家變得越來越不穩定的破壞局面。一五六〇年，他的第一任妻子阿納斯塔西婭·羅曼諾夫娜去世，讓他越來越憤世嫉俗。傑羅姆·霍西，英國駐莫斯科的公司的貿易商，觀察到「她以令人欽佩的和藹和智慧，統治著他」。伊凡似乎懷疑她中毒了，就像是他的母親一樣。在此同時，利沃尼亞戰爭正在如火如荼的進行中。更糟糕的是，改革阻力仍然作梗，一五六四年，他最親密的顧問之一，安德烈・庫布斯基大公叛逃到立陶宛，沙皇從小就對貴族的懷疑徹底浮現了。

於是，伊凡逃到了設防的城鎮。亞歷山德羅娃・斯洛博達實際上宣布了他的遜位，指責貴族集團的叛國和腐敗行爲，以及教會掩蓋他們的罪行。這對菁英來說，是一項大膽的挑戰，他們沒有其他的統治者可以取代沙皇，並且無法面對憤怒的莫斯科人。莫斯科人懼怕外來入侵者，並且害怕國家陷入內戰，他們臣服並且懇求伊凡回國。伊凡同意了——但只要是任何他認爲是「叛徒」的人，他要求並且授予絕對權力，甚至是不受約束的懲罰權力。

伊凡不會依賴貴族集團的承諾；儘管，他下令創建一個國中之國，稱爲「特轄區」。這一部分的土地，來自前諾夫哥羅德共和國的北方領土。他將這一片土地稱爲俄羅斯其他地區的個人領土。在伊凡的新領地內，撤除了貴族委員會的管理，他組建了一支貼身保鏢的守衛部隊和執法官員。保鏢部隊在特轄區中，進行肅清那些激怒伊凡的貴族，甚至在一五七〇年的諾夫哥羅德，進行爲期一個月的屠殺和強暴。保鏢部隊穿著黑色的僧袍，庫布斯基稱呼他們爲「黑暗之子」，並帶著一個切斷的狗頭，還有一把掃帚，象徵著他們是沙皇的獵犬，掃除他們的敵人。他們就像任何私人軍隊一樣無情。沙皇本人越來越難以控制他們，他們肆情地掠奪，而且有罪不罰。農民逃離土地，或是遭到侵略，導致糧食短缺和貿易危機。沙皇本人也感到自己好像被這一種保護自身力量的拘禁。一五七二年，克里米亞汗國的軍隊將莫斯科一分爲二，幾乎占領了莫斯科。伊凡擔心保鑣部隊失控，他突然取消了特轄區，並且從莫斯科返回統治。沙皇和貴族之間舊有的平衡很快破滅。雖然，他繼續依賴親信，而不是比貴族更能看到各方陰謀叛變，並且一如往常地血腥鎮壓。受害者被絞死、斬首、切成碎片、縫進熊皮，或是被狗撕扯，但伊凡仍然看到更多的陰謀者。

伊凡的統治在危機和混亂之中結束。在過去的幾年中，在利沃尼亞戰爭期間，他不信任自己的指揮官，他陰謀派了自己的代表，就像蘇聯政治委員的前身，各種懷疑和絕望之舉，瓦解了貴族政治。因爲戰爭，稅收減少，經濟遭受破壞。各地盜匪蜂起、人口減少。由於缺乏農民，肥沃的土地廢耕，除了餓死，剩下的農民離開莫斯科，逃往南方和東方。由於對於農民的需求，地主到彼此的土地中綁架農民。同時，在一五八一年，伊凡大公死於父親之手。作爲下一位繼承人，年輕、虔誠的費奧多爾大公繼位。這個男人顯然沒有在恐怖伊凡之後，將國家凝聚在一起。費奧多爾是俄羅斯的敲鐘人。

這種狀況是無法令人忍受的。威尼斯外交官安布羅吉奧・康塔里尼對於在冰凍的莫斯科河畔林立的市場特別感概。在漫長而嚴酷的冬天，他看到屠宰的牲畜堆在攤位上的景象，冷凍幾個星期，甚至幾個月。「這很奇怪；」他寫道：「看到這麼多剝了皮的牛，還直直地站立」。到了一五八四年，伊凡三世和四世投入時間和精力，來創造他們想要擁有的系統。這似乎很像那些牛。牛雖然死了，剝了皮，還繼續站著，因爲牛是冷凍的，但在屠夫的斧頭下，肉品早已經備妥待宰。

動盪時代和崛起的羅曼諾夫時代

一五八四年，伊凡在下西洋棋的時候，突然死於中風。虔誠、天眞的費奧多爾（一五八四至一五九八年在位）正式加冕，但眞正的權力掌握在羅曼諾夫和戈杜諾夫家族，尤其是沙皇費奧多爾的姐夫鮑里斯・戈杜諾夫。其次，宮廷成了敵對家族之間的戰場。一五八四年，戈杜諾夫清除了競爭對手的貝爾斯基家族，然後在一五八七年清除了叔伊斯基家族和奈果家族。在此同時，沙皇費奧多爾忙於參觀全國各地的教堂，並且主持教堂的敲鐘儀式。

這個國家從一種危機，轉變到另外一種危機。一五九〇年，戈杜諾夫開始與瑞典開戰，希望以戰功輕易獲取效益。五年之後，《泰夫席諾條約》簽訂，俄羅斯幾乎沒有付出任何代價。農民繼續試圖逃離土生土長的農地，土地崩潰導致了盗竊和缺工的惡性循環。沙皇費奧多爾於一五九八年去世，他沒有可繼承的兒子，留里克王朝宣布結束。戈杜諾夫抓住了機會，他的盟友俄羅斯東正教會約伯牧首將他提名爲俄羅斯沙皇王國議會的接班人。無論是出於恐懼還是信念，議會批准了戈杜諾夫成爲接班人。

戈杜諾夫（一五九八至一六〇五年在位）被加冕爲新沙皇。他曾經是特轄區或是特轄軍的成員，聰明、雄心勃勃、魯莽，而且能幹。但他沒有被上帝選擇，而是被拔擢。對於當代人來說，他所有的個人特質，都比前任的殘疾者要更優秀。但是在他的統治之下，飢荒大起，農民揭竿而起，這被解釋爲上帝震怒的跡象。一六〇四年，一位企圖奪取王位的俄羅斯野心家出現，他自稱是費奧多爾同父異母的兄弟的狄米崔，這一位冒牌貨獲得波蘭支持。事實上，狄米崔已經於一五九一年去世。群眾想到可能是留里克王朝的後裔就興奮不已，蜂擁而至加入行列。這一種「假新聞」，在十六世紀就已經破壞了政府的穩定。

一六〇五年戈杜諾夫去世時，他十六歲的兒子沙皇費奧多爾二世在位僅兩個月，就被謀殺了。畢竟，無天賦皇權，沙皇候選人的主張，與其他競爭者的主張，將無分軒輊。接下來的八年，被稱爲「動盪時代」。假狄米崔自命沙皇，但是很快就嗚呼哀哉了。政變、陰謀、叛亂，以及暴動蜂擁而至，另外一位假迪米崔和波蘭人入侵俄羅斯。

最後，這是三種高潮迭起的長期歷程。這是一場王朝危機：沙皇建立了一種由天賦合法的神

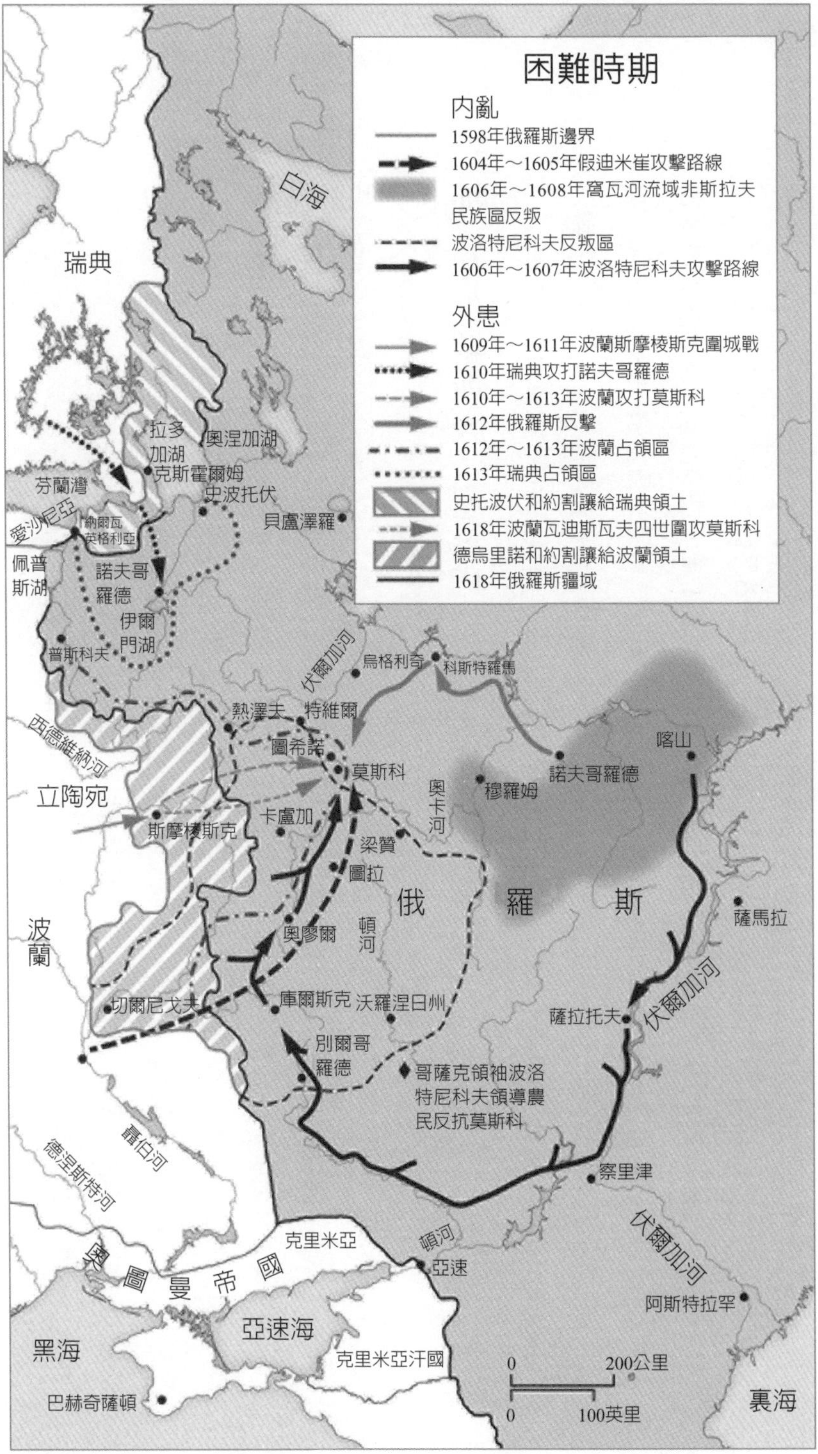

困難時期
內亂
1598年俄羅斯邊界
1604年～1605年假迪米崔攻擊路線
1606年～1608年窩瓦河流域非斯拉夫民族區反叛
波洛特尼科夫反叛區
1606年～1607年波洛特尼科夫攻擊路線
外患
1609年～1611年波蘭斯摩棱斯克圍城戰
1610年瑞典攻打諾夫哥羅德
1610年～1613年波蘭攻打莫斯科
1612年俄羅斯反擊
1612年～1613年波蘭占領區
1613年瑞典占領區
史托波伏和約割讓給瑞典領土
1618年波蘭瓦迪斯瓦夫四世圍攻莫斯科
德烏里諾和約割讓給波蘭領土
1618年俄羅斯疆域
白海
瑞典
拉多加湖
奧涅加湖
克斯霍爾姆
芬蘭灣
史波托伏
貝盧澤羅
愛沙尼亞
納爾瓦
英格利亞
佩普斯湖
諾夫哥羅德
伊爾門湖
普斯科夫
伏爾加河
烏格利奇
科斯特羅馬
熱澤夫
特維爾
西德維納河
圖希諾
莫斯科
立陶宛
奧卡河
穆羅姆
諾夫哥羅德
喀山
斯摩棱斯克
卡盧加
梁贊
圖拉
俄
羅
斯
薩馬拉
波蘭
奧廖爾
頓河
切爾尼戈夫
庫爾斯克
沃羅涅日州
薩拉托夫
伏爾加河
別爾哥羅德
哥薩克領袖波洛特尼科夫領導農民反抗莫斯科
聶伯河
德涅斯特河
察里津
伏爾加河
克里米亞
頓河
亞速
奧圖曼帝國
阿斯特拉罕
亞速海
黑海
克里米亞汗國
0
200公里
巴赫奇薩頓
0
100英里
裏海

聖統治者的權力概念，但是這一種系統，無法容許王朝瓦解。尤其是沙皇企圖以專制統治國家，但是野心勃勃的貴族集團不容許沙皇中央集權。這需要時間進行磨合，同時這也是一種社會經濟的危機，因爲世襲的貴族反對這樣政策、鄉紳和農民逃離土地，讓彼此都陷入了一場困境。動盪時代迫使沙皇和貴族政權，正視這些挑戰。最後，發生了地緣政治的危機。隨著俄羅斯的崛起之後，發現了自身面臨可怕的新威脅：除了克里米亞韃靼人和南方的鄂圖曼人，還有的是來自西邊的波蘭人和瑞典人。這將需要時間，將俄羅斯從動盪時代，蛻變成爲歐洲正在興起的現代化稅基和建軍的國家機器。

抓一位俄羅斯人，還是找一位……拜占庭人？

此時，俄羅斯的政治文化和制度是蒙古韃靼人建立的。這是一種採用鍍金拜占庭式風格的紋飾作風。但是，那能走多遠？這一種風格，眞的很重要嗎？俄羅斯東正教聖徒是採取異教徒的神。經常被賦予光環和嶄新的背景故事。我們追蹤俄羅斯大姓家族的家譜，通常是斯拉夫、瓦良格，以及韃靼人的混血產物。傳統的「爲制會」是中世紀斯拉夫人的一種人民會議，或是城市議會，是一種來自古代斯拉夫語的衍生文字，但是融入了維京人事務概念的會議形式。這一種文字的重點，不是追溯這些不同的想法和實務來自哪裡，是如何被想出來的，而是俄羅斯人民從中獲得了什麼意義，以及俄羅斯人如何發展自己的生活，塑造新型國家和未來人民的樣貌。在此之前，俄羅斯一直是歷代文化書寫中，一張畫家想要爲所欲爲的理想畫布。這些文化銘記有的經久不衰，被後人潤色和強調，有的則被很快就覆蓋了。但是關鍵是直到追溯到莫斯科公國時期，俄羅斯人在這個過程中的作用，主要是被動的。不過，現在他們是積極主動尋求如何定義自身，俄羅斯人在國外目睹了皇帝的稱號。

他們效仿了羅馬人的皇帝稱號，運用東羅馬帝國的統治者雙頭鷹的標誌。就像君士坦丁堡的神聖羅馬帝國的皇帝一樣，俄羅斯的沙皇是神聖的君主，只服從於上帝授予的神聖任務。正如伊凡四世所說的，他寫給庫爾布斯基大公的一封荒唐內容的信。他稱呼庫爾布斯基大公是叛逃者，俄羅斯現在「按照上帝的意旨，實行專制」，並且他是「正統派，眞正的基督教獨裁者」。

奧地利外交官西吉斯蒙德·馮·赫伯斯坦男爵寫到恐怖伊凡時，說明貴族集團：「要嘛，被他的偉大成就所感動，或是接受打擊，恐懼地臣服」。後者，更爲可能。但是對於個人的恐懼可能是永恆權力的脆弱基礎。兩位伊凡創造了神權的意識形態、制度，甚至是一種美學基礎；但是伊凡在俄羅斯實行專制，需要俄羅斯人，包括農民和貴族，在全面動盪時代的複雜危機之中，都要能夠欣然接受這樣的統治者，替代混亂、飢餓，以及國外勢力的入侵。

最後，在一六一三年，俄羅斯沙皇王國議會爲十六歲的米哈伊爾·羅曼諾夫加冕。他們想要一位沙皇，需要一位沙皇，最後不得不創造一位沙皇。畢竟，他的資格似乎是無可非議，米哈伊爾・羅曼諾夫來自一個能夠追溯其歷史源頭的家族，他的家族可以追溯到基輔俄羅斯的牧首菲拉雷特。事實上，疲憊的俄羅斯需要一個穩定的未來，米哈伊爾・羅曼諾夫能夠提供這一點，米哈伊爾・羅曼諾夫在位至一六四五年，羅曼諾夫王朝統治俄羅斯，直到了一九一七年。

延伸閱讀

安德烈・巴甫洛夫和莫琳・佩里的《恐怖伊凡》（二〇〇三年皮爾森出版）和伊莎貝爾・德・馬達里亞加的同名書籍《恐怖伊凡》（二〇〇六年耶魯大學出版），是複雜的恐怖伊凡最好的傳記。羅伯特・克魯米的《一三〇四至一六一三年莫斯科公國的形成》（一九八七年朗文出版），讀起來很累贅，但是細節豐富。弗拉基米爾・索羅金的《特轄軍的一天》（二〇一一年法勒、史特勞斯和吉魯出版社出版），是一本小說，充滿了節奏感和口語語氣的臆想小說，談論特轄軍在二〇二八年的沙皇俄羅斯，再次崛起的故事。

第四章
金錢是戰爭的命脈

時間軸

1613年	米哈伊爾・羅曼諾夫加冕為沙皇。
1639年	俄國人到達太平洋。
1649年	頒布《縉紳會議法典》。
1652-1666年	尼康擔任莫斯科牧首。
1654年	佩列亞斯拉夫爾協議。
1654-1667年	第一次北方戰爭。
1666-1667年	莫斯科大主教會議。
1670-1671年	斯捷潘・拉辛領導的哥薩克叛亂。
1682年	廢除門閥。
1682年	彼得大帝九歲即位。
1689年	尼布楚條約。
1696年	彼得成為唯一的統治者。
1697-1698年	彼得在歐洲的大使館。
1700-1721年	大北方戰爭。
1722年	實施官秩表。
1722-1723年	波斯戰役。
1725年	彼得去世。

聳立在莫斯科河上方，矗立著沙皇彼得大帝（一六八二至一七二五年在位）九十八公尺高，在揚帆中的雕像。這一座雕像位於前紅色十月巧克力工廠的時髦酒吧，以及普利斯根凱亞堤防畔豪華住宅的中間，鄰近穆澤恩雕像藝術花園。這是一座擁有一千公噸鋼鐵、青銅，以及黃銅的雕像。一九九七年尤里・盧日科夫擔任莫斯科市長，建造了這一座光榮但是醜陋的

祖拉布・采列捷利的彼得大帝。（1997）

人工紀念物。盧日科夫批准拆除歷史建築，以便可以被俗氣的購物中心所取代。盧日科夫委託祖拉布・采列捷利，他最喜歡的雕塑家和建築師興建，但是大多數莫斯科人厭惡這一座雕像。剛開始規劃時，不打算塑造彼得。雖然采列捷利現在否認，但普遍的觀點是，這實際設計目的在紀念一四九二年克里斯托弗・哥倫布發現美洲新大陸的五百週年誕辰。他可以找到輕易相信的美國贊助商，采列捷利只是簡單地換了個頭，然後投其所好，讓盧日科夫作爲彼得成立俄羅斯海軍三百週年紀念日。其餘的部分，都是歷史了。

但是，這是什麼樣的歷史？在某一種層面上，這是一種具有諷刺意味的概念。彼得不喜歡莫斯科，莫斯科卻興建了沙皇彼得的紀念碑以紀念他。彼得大帝非常討厭這座城市，他在北方建立了自己的新首都——聖彼得堡。當盧日科夫被迫下臺之後，莫斯科要送給聖彼得堡市雕像。聖彼得堡市議會回答說，他們「不想毀壞一座偉大的城市」。聖彼得堡市議會的意思是屬於他們自己的城市。其次，俄羅斯人彼得，實際上是義大利的克里斯托弗・哥倫布的僞裝，同時也是一種相當有力的隱喻。彼得對俄羅斯實施的許多改革。他是一位現代化改革者，甚至是一位西化者，但不是認眞的解決俄羅斯當代的問題。相反的是，他的許多措施，只是針對膚淺的問題進行敷衍。例如，俄羅斯貴族被迫剪掉濃密的鬍鬚，或者需要支付特殊費用稅。但是採用歐洲式技法，剃光下巴，不會必然帶來歐洲式思維。

儘管如此，可以理解的是，彼得大帝是羅曼諾夫俄羅斯的標誌性人物之一。就像雕像一樣，他聳立在當代，鶴立雞群，無論是形象的，還是字面上的意義，他都是名副其實的長人。彼得的身高超過兩公尺，當時的俄羅斯人的平均身高爲一點六八公尺。他有著驚人的熱情，永遠尋求學習牙醫的新技能，並且針對於不幸的朝臣們，如果罹患牙疾，讓他能夠練習拔牙。他會製作鐘錶，擁有對於外界的眞正好奇心，甚至到整個歐洲旅行。俄羅斯統治者，第一次擁有這一種冒險的經驗。儘管如此，在許多方面，彼得至多處於是一種改革過程的高潮。他的許多改革，都植根於仿效在羅曼諾夫前輩的實踐之中，他的政策往往不是由他自己的意願決定的，而是由自身所處的環境之中激發出來的。

最後，就像機運、品味，以及命運眷顧的轉折點中，看到了莫斯科城中最大的彼得紀念碑被人民鄙視，這一切都陷入了一種悖論。他是一個俄羅斯民族主義者，責令貴族看起來更像歐洲人。彼得企圖採用來自西方各地的思想和技術，但實際上他採用了亞洲專制制度強化了國家地位的唯一基礎。他越是試圖挑選歐洲制度，對於俄羅斯最有吸引力或最有用的方法，他越是必須找到一種方法來證明，俄羅斯的神聖使命和全球特殊之處。這是最偉大的小虛構，處於系統頂端上層的歐洲文化，可以和下層歐亞封建主義共存，最好的體現是建造他的新首都聖彼得堡。這是一座由法國和義大利建築師設計的現代城市——由全國五十萬農奴建造，成千上萬的農奴因而死亡。

邁向羅曼諾夫王朝

從動盪時代開始，不僅出現了新的羅曼諾夫王朝，這也是一種嶄新連貫的論述：如果不這樣做，俄羅斯將成爲其眾多敵人的犧牲品。因此，有一位強大的統治者，所有階級都圍繞著他。全國人民能夠——而且必須——共同團結起來。這種論述，成爲俄羅斯帝國的基礎。日益強大的民族自我形象逐漸升起。敵人的環伺的海洋之中，俄羅斯帝國是合適的萬物守護者，也是眞實信仰的堡壘。然而，所有合法政權，都會面臨到無政府狀態和反叛混亂。隨之而來是無可避免的緊張局勢，包括需要如何在不採用西方技術的情況之下，如何保衛邊境、維護俄羅斯的利益，並且維護國內秩序？這些技術是否可以不考慮社會和政治變化，牽爾採用？答案是否定的。但幾個世紀以來，沙皇肯定會努力嘗試。因此，這將是一種成長與力量夾雜著危險與悖論的征戰。十七世紀將是海外戰爭和國內爭戰崛起，同時也是帝國擴張，以及不斷增強民族自信心的發軔。

米哈伊爾（一六一三至一六四五年在位）是第一位羅曼諾夫沙皇。可能是因爲他的溫和態度而被選中，但是他的統治技巧，出人意料地證明有效。當然部分原因來自於他有一位霸道的父親菲拉雷特。他的加冕典禮被延遲了好幾個禮拜。因爲莫斯科，被連年征戰反叛軍所蹂躪，造成了荒煙蔓草和連年飢荒。然而，到一六四五年去世之時，米哈伊爾確保了與瑞典和波蘭的和平。他沿著西方前線重組了軍隊，當然這會導致傳統的火繩槍營叛亂。

米哈伊爾監督了俄羅斯對西伯利亞擴張影響，包含殺人如麻的哥薩克僱傭兵、毛皮貿易商人、冒險家，以及擁有遠見的貴族。在一六三九年，一群哥薩克人甚至抵達了太平洋沿岸，而在他們身後的是營帳寨子、稅吏、傳教士，甚至是天花疾病，比刀槍都惡毒地消滅了分散在西伯利亞的原住民。

挑戰永遠是在追求擴張與維穩競爭中保持平衡。在米哈伊爾之後，阿列克謝（一六四五至一六七六年在位）獲得了寧靜沙皇的稱呼，因爲他的舉止溫和，但是他面臨與傳統敵人波蘭和瑞典交戰的動盪時代，以及面臨新的挑戰者波斯和哥薩克人叛亂。哥薩克人沿著伏爾加河成立了短暫的哥薩克共和國，城鎮遭到焚毀。其次是沙皇掌管了佩列亞斯拉夫爾協議中最大的土地——現在烏克蘭的大部分地區，都是受到了沙皇統治。俄羅斯東正教是最沉悶和最堅固的地方之一，也不斷地分裂和撕裂。阿列克謝受困於俄羅斯的困境。另一方面，他憎恨外國人日益增長的勢力和相左的想法。例如，在一六五二年，他在莫斯科建立了一個獨立的外僑區，擁有豪宅和教堂，作爲隔離外國人的大使館區域。在一六七五年，他禁止朝廷官員穿著西服款式，甚至家居也不行。就像富有的俄羅斯人一樣，對於異國情調感到興趣，俄羅斯需要這些外來者的錢、技術，以及軍事經驗。尤其，阿列克謝可能鄙視西方的方式，但他雇用羅馬天主教蘇格蘭僱傭兵帕特里克·戈登擔任他的兒子彼得的家庭教師，年輕的沙皇儲君彼得成爲許多外國人中的一員，在形塑激情和興趣方面。發揮了至關重要的作用。

新與舊的信仰與信徒

這種在教會中緊張的關係尤其明顯。如果為了世俗當局，動盪時代的問題環繞在國內的弱點，意味著脆弱的外交問題。宗教圈子之中，越來越多的教徒認為上帝對俄羅斯人不滿，因為禮儀不夠純潔。在一六五二年，辯才無礙的尼康，成為了莫斯科和全俄羅斯的牧首。從各方面來看，他都不願意擔任這個職位，但是一旦他擁有這個職位，他直接投入改革。

在他看來，淨化一座偏離的拜占庭起源希臘式教堂，那就是當代希臘儀式和禮儀，需要到位。如果你珍視你的生命和自由，最好不要提反對意見。諷刺的是，俄羅斯昔時實際上更接近於舊拜占庭。新穎風格的標誌被禁止，尼康的追隨者闖入莫斯科以外的教堂和房屋，並且燒毀建築。因為畫師繪製藝術風格的演變，呈現了早期現代俄羅斯文化的聖人和宗教場景的繪畫，而遭到處刑。眼睛被挖出，然後在莫斯科的城市遊行示眾。偏離拜占庭標準太遠的教堂被拆除。甚至如何書寫耶穌的名字，或是懸掛十字架的確切的方式進行了修改。俄羅斯前盟友對於尼康風格式的宗教改革方向，感到恐懼，甚至嚴重到違反者都逐出教會。虔誠，是由暴力、恐懼，以及主教會議法庭來裁示。沙皇阿列克謝早就被牧首尼康迷住了——他在一六五二年曾經屈膝跪地求他授予在莫斯科的職務——起初他實際上是沙皇的得力助手和替身。一六五四年爆發第一次對抗波蘭和瑞典的北方戰爭，戰爭持續很多年，當時阿列克謝到了前線，尼康實際上是莫斯科攝政官。然而，隨著時間的推移，這種關係變得越來越緊張。無論尼康是否要向王室的世俗權威低頭，還是他認爲沙皇應該屈膝乞求教會賜予屬靈福音。這包括違反一六四九年頒布的《縉紳會議法典》的新條款，法典削弱了教會的權威，減少教會特權。

面對來自於貴族和神職人員的抵制，以及與沙皇之間的新距離，尼康試圖學恐怖伊凡裝模作樣，象徵性地拋開教牧的長袍，離開莫斯科到了一座修道院。他等著批評他的人來感恩圖報，並且懇求他回來。八年來，尼康徒勞無獲地等待著。然而，尼康和教會之間的僵局一直存在，直到一六六六年的莫斯科大主教會議開議，最有權勢的神職人員和受人尊敬教牧，進行祕密會議。神學家們終於聚集在一起開會——據說，在某些情況下，大主教會議慷慨地支付盧布和皮草，誘使教牧們試圖解決危機。大主教會議中決議，通過詛咒尼康，剝奪他的權威，並且將他送到更爲遙遠的修道院監禁，同時接受了他的改革。在教會大分裂之中，舊信徒被視爲分裂者，接受傳統宗教主義，並且抵制這些變化的信仰者，被宣布爲叛教，接下來三個世紀受到了迫害。到了一九七一年，莫斯科宗主教終於解除了禁令。

關於祈禱中自我交叉的精確手勢的爭論，可能看起來微不足道，而且幾乎不應該是幾代人的仇恨、宗派主義、謀殺，以及流亡的主要原因。然而，尼康信眾的宗教辯論時代，反映了一種更為廣泛的恐懼，也就是俄羅斯逐漸拋棄傳統，失去了在世界上的獨特地位，甚至是俄羅斯的靈魂。諷刺的是，「改革者」試圖將俄羅斯的精神生活恢復到從未曾有的狀態。曾經他們誤以為當代拜占庭式的希臘儀式是眞實的，並試圖重建一種完美的教會和沙皇的分離切割。但是，君士坦丁堡的教皇既不承認，基輔的大公也不願意承認。再一次的，對歷史的訴求，實際上是在巧妙地，或是悄悄地對於俄羅斯的過去，進行了改造。

兩位沙皇，買一送一

與此同時，世俗國家繼續朝向現代化邁進。阿列克謝的直接繼任者費奧多爾三世（一六七六至一六八二年在位），建立了斯拉夫－希臘－拉丁學院，這是俄羅斯第一所高等學府——在波隆納大學和牛津大學成立之後將近六百年興建。最令人矚目的是一六八二年通過的封建資歷系統制度，這意味著貴族統治者的職位是由血統和地位決定的。相反的，這鼓勵哪些工作適合分配給最適合的人，這需要通過皇家任命。也就是說，即使是最改革開放的沙皇都有他的最愛。俄羅斯通過古老詳盡的百科全書式家譜，用以確定貴族在等級制度中的確切位置。例如，某人坐的桌子的高度要低一點。如果對於地位或是待遇不滿，甚至可能引發一場決鬥——這是一種象徵性對於儀式的引燃。

就在這一年，費奧多爾去世，沒有留下任何繼承人。理論上，下一位繼承人應該是他的弟弟伊凡，阿列克謝第一次婚姻的最後一個僅存的兒子。不過，十五歲的伊凡患有慢性病且智能不足。貴族集團擔心如果俄羅斯過於軟弱，會發生什麼後果。沙皇轉而觀察同父異母的弟弟，九歲的彼得，是阿列克謝的第二任妻子所生。然而，這一種考量沒有考慮到米洛斯拉夫斯基家族和納雷甚金家族傳統的競爭。阿列克謝的第一任妻子，來自於米洛斯拉夫斯基家族；第二任妻子來自於納雷甚金家族。也沒有考慮到伊凡的姐姐蘇菲亞·阿列克謝耶夫娜的冷酷和激情。俄羅斯可能還沒有準備好迎接女王，但是蘇菲亞已經準備好迎接下一個最好的位置了。

她和米洛斯拉夫斯基家族的爭鬥，激起了火繩槍營的反叛。有一種散布的謠言是說費奧多爾是被毒死了，伊凡也被勒死了。米洛斯拉夫斯基家族非常生氣，因爲特權受到侵蝕，而且西化集團崛起，火繩槍營屬於保守的強硬派，率先發難。當莫斯科中的暴徒抓住機會，發動暴亂並且展開搶劫，貴族議會爭先恐後地尋求妥協。一如既往地，實用主義後來勝出，然後匆匆披上發明者的傳統外衣。伊凡（一六八二至一六九六年在位）和彼得（一六八二至一七二五年在位）雙雙被加冕爲俄羅斯的雙沙皇，蘇菲亞爲攝政王。特殊的雙寶座是爲這兩位年輕人建造的，特有的金帽皇冠，是採用原有禮儀帽形式，匆匆製作的，用於加冕典禮。拜占庭式的儀式被竄改，以展現這種不尋常的加冕儀式。

六年多來，在蘇菲亞盟友的支持之下，也許是情人瓦西里．戈利岑大公攝政。伊凡盡職盡責地在宮廷中祈禱和教堂朝聖，彼得在普列奧布拉任斯基領地中的皇家莊園，建立他所謂的「遊戲部隊」。彼得的一群摯友同伴，長大之後，變成了一股百人部隊的眞正的力量，然後變成是三百人的部隊。蘇菲亞的攝政只看到了不切實際的簽約，例如是和波蘭簽訂的《永恆和平條約》（一六八六年），批准俄羅斯對於龐大帝國基輔古都的所有權，與中國簽訂尼布楚條約（一六八九）。蘇菲亞同時也看到了災難性的一六八七年和一六八九年的克里米亞汗國的戰役。俄羅斯勝多敗少，面對兵力部署，需要援軍和後勤支援的挑戰同等繁重。在俄羅斯邊境進行軍事遠征，產生了一座龐大無比的國家。

在此同時，蘇菲亞不能自稱沙皇或是女皇。相反的，她不得不看著伊凡病倒，彼得變得越來越任性。一六八九年，十七歲的彼得親政。他要求蘇菲亞不要干政。儘管她再次試圖提高對抗彼得的強度，她面對的是大多數的貴族集團、火繩槍營，以及彼得的遊戲部隊：到那時，兩個完全羽翼未豐的連隊，擁有自己的騎兵和大砲。同樣重要的是，即使是伊凡也願意和彼得連袂。蘇菲亞被迫進入新聖女修道院，這是一種傳統的上流監獄，關押不受歡迎的女性貴族，包括了恐怖伊凡的兒媳，到鮑里斯．戈杜諾夫的姐妹，無一倖免。也許，計劃周詳的蘇菲亞，甚至預言了這種命運，因爲她特意將命名設定爲諷刺意味十足的新少女修道院。在她攝政期間，進行了翻修。雖然彼得在技術上，到了二十二歲仍然和母親待在一所病房，並與他的共同君主彼得共同執政。伊凡直到一六九六年去世，實際上他也是沙皇。權力雖然是他的，但是他想做什麼，用權力可以做到什麼？

建立彼得國家

關於彼得的認識很多，但是眞正理解的要少得多。他很有魅力，精力充沛，但是深受癲癇發作和面部抽搐之苦。他的座右銘是「我是學生；我找老師」，他當然願意被教導——他並沒有領導他的「遊戲部隊」，而是登記爲一位單純的擲彈手，以便從頭開始學習戰爭——但是他的興趣不在於智力，而是在於實用規劃。他爲了自己的國家，但更渴望比本國人更能夠得到外國人的尊重。他曾經爲了權力而奮鬥，但一旦擁有權力，似乎對許多規則都不感到興趣，他沉迷於他有興趣的事務，忽略那些無趣的職責。

彼得還是個孩子的時候就當過兵，但是在一六八二年被火繩槍營的部隊暴行嚇壞了。他的舅舅伊凡．納雷甚金和政治家阿塔蒙．馬特維耶夫提議加冕，在他眼前被當眾砍死。他獲得權力需要感謝他的私人軍隊，並看到蘇菲亞的合法性受挫，在她最喜歡的戈利岑大公兩次進攻克里米亞失敗時，受到嚴重挫敗。軍事力量對於彼得來說，攸關於自身的安全。俄羅斯的地位，坦率地說，很有趣。

他可能忽略了前任沙皇冗長的儀式，而靠了口頭宣揚精神角色。然而，他對治國之道，擁有非常實用的觀點，並且意識到軍事實力，不僅取決於國家士兵的勇氣，但是取決於技術、後勤，以及軍隊背後的治理之術。不管他是否追認爲現代化的驅動者，但是彼得感到一股驅使力量，讓俄羅斯偉大的力量督促他，讓他受人尊敬、迫切而熱情。這意味著他想贏得戰爭。當時，俄羅斯不被認爲是嚴肅的軍事大國，這反映了在西方世界觀中，俄羅斯是不存在的亞洲國家，也不是歐洲國家。奧地利特使約翰尼斯科博酸溜溜地指出：「只有韃靼人害怕沙皇的軍隊」。

彼得想改變這一點，但這會付出代價。「金錢；」他指出：「是戰爭的血脈」。早期現代國家的標準，社會安全最好的狀態，意味著慈善，最壞的狀況是飢荒。俄羅斯在軍事力量，已經是擁有了現代國家的支持機制。估計到了一七〇五年，中央預算中的軍事配額，可以從百分之六十五提升到了百分之九十五。這需要強化官僚機構效率，提升稅收制度，以規範更專業的國家機器。彼得開始通過全面的建設，來進行系列改革。農奴制對於俄羅斯統治者來說，是長期的沉痾，農奴制讓國家變得更加僵化，因爲國家依賴農民工作、建設，以及戰鬥。成千上萬的農民——在總人口中也許占了七百五十萬人——被徵召入伍參戰，並且進行建設，農民禁止逃往南方或東方。彼得引進了新的隱匿者罰款項目。從一七二四年起，農民不被允許自由旅行，需要護照通行。與此同時，新的稅收如雨後春筍般降臨在農民身上，從蜂箱到黃瓜，應有盡有。

這並不是說，貴族可以免於彼得的苛徵雜稅。俄羅斯廢除封建等級制度已經展開，但在一七二二年，彼得引進了俄羅斯貴族官秩表，代表了等級基礎的根本性革命。從此以後，所有貴族想在十四職等的貴族系統內上升，就得按照服務、晉升，以及能力進行排名。當然，在實務中偏頗貴族，以財富驕人，考慮出身，依然會產生影響，但是理論上，貴族只有在爲國家服務才需要考慮進階。所以，官職升到一定等級之後，才能獲得貴族的地位。例如，符合公務員資格的合議評稅員或是皇家騎兵團，兩者都是八職等，依軍功取得世襲貴族的資格。在封建等級制度之下，地位決定了你的工作。現在，你的工作決定了你的地位——而且輕鬆有效地造就了貴族成爲了國家的農奴。

這種制度甚至適用於教會。例如，一個修道院院長是第五級職位，相當於國務委員或準將。尼康曾經尋求通過以下方式，澄清教會與國家之間模糊的重疊關係，使教會能夠獨立於國家之外。彼得的解決方案剛好是相反的，實際上是使教堂隸屬於政府部門。這不僅僅是攸關於權力，還包括了金錢。教會擁有廣闊的土地並且免稅。彼得新建的海軍、重組的軍隊，所有軍事單位都貪婪地要求資金。教會財產屬於國家控制，彼得急切地壓榨教會吐出現金。大部分收入，來自這個最保守甚至排外的教會組織。這些經費不僅運用於改革，而且運用在彼得參觀國外時，啓發改革的旅遊花費。

彼得遊歷

從一開始，彼得就對外國人很著迷。他和蘇格蘭人帕特里克・戈登一起，瑞士僱傭兵弗朗茨・萊福爾是他童年時期的啓蒙者。直到今天，在莫斯科西南部靠近德國人街廓，曾經被命名爲萊福爾街。傳統上彼得成立俄羅斯海軍，被認爲屬於祖父級的船艦，是一艘在伊茲邁洛沃村發現的荷蘭人修復的英式帆船。他的第一位情婦，是德國人安娜・蒙斯。他不穿傳統的俄羅斯長袍，而是喜歡穿著英國布料製作的德國大衣。一七〇〇年，他下令莫斯科的貴族、公民，以及僕人，也應該穿著西式的服裝。這種熱情最戲劇化展現爲「偉大的大出使」。一六九七年，他開始了十八個月的瑞典、利沃尼亞、荷蘭、英國、德國，以及奧地利。他名義上以彼得・米哈伊洛夫的身分隱姓埋名，但這是一種傳說，眞的只是他的藉口，像要躲避繁瑣的禮節；並且在他想要參加不光彩的活動，可以隨意狂歡。

在某種程度上，這是一種外交冒險，在於確保反對鄂圖曼帝國的盟友間結盟，基本上徒勞無功。歐洲很快發生了西班牙王位繼承戰爭，似乎很少有國家願意擱置熟識的鄰國，想要與遙遠而鮮為人知的俄羅斯之間締結關係。

然而，對於自我放縱和好奇的沙皇來說，這也是一種無與倫比的探索在西方生活的技術、惡習，以及美德的方式。在荷蘭，他學習造船技術，並且聘請了建立新海軍的造船工程師。很明顯的，許多俄羅斯文字和航運和海洋有關的詞彙源於荷蘭語。在英國，他同樣試圖學習海軍和現代君主制的貿易模式，他說：「在英國當海軍上將更快樂」、「比俄羅斯的沙皇還好」。儘管如此，在看過議會開會後，他得出的結論是：「英國的自由沒有比較適合俄羅斯」。

與此同時，俄羅斯正由彼得值得信賴的得力助手，他的凱撒大公費奧多爾・羅曼達諾夫斯基在國內，好像沙皇還在這個國家執政。然而，一六九八年傳來了新的緊張叛亂消息。彼得趕緊回國，雖然羅曼達諾夫斯基在他回來之前輕易撲滅了叛亂。儘管如此，彼得的反應很果決。因為他終於解散了火繩槍營的禁衛軍，因為火繩槍營是彼得建立西式軍隊的陳舊障礙。為首的禁衛軍叛亂者企圖擁立蘇菲亞，超過千人遭到野蠻的俄羅斯皮革鞭打，甚至受到絞刑或斬首，屍首還要被釘在鐵架上面，以昭炯戒，公開示眾。這是一種沙皇容不得違抗的象徵。

同樣的威權主義展現在他在西方學習的經驗。一七〇三年，彼得的軍隊占領了瑞典在涅瓦河口的年斯坎堡壘，彼得看到了為自己建造海港的機會。他遠離首都莫斯科，並且證明俄羅斯可以建造一座歐式城市，以及建設一支海軍。他的新首都叫做聖彼得堡，這一座城市由荷蘭人和英國

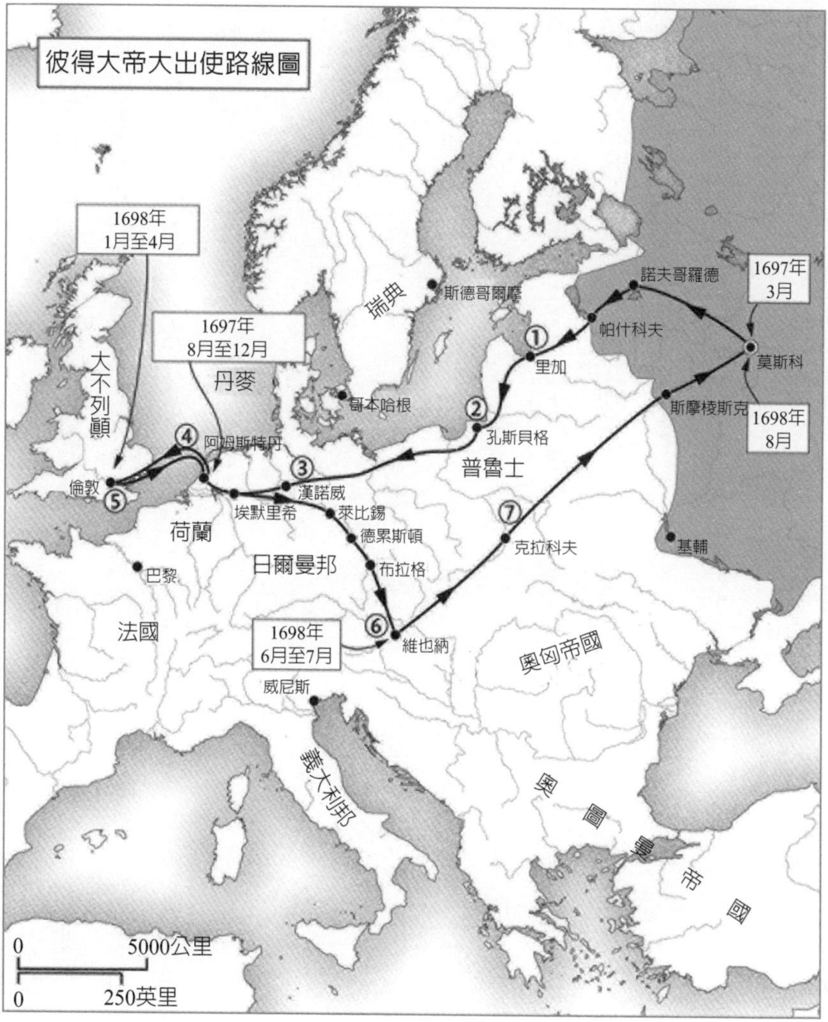
彼得大帝大出使路線圖
1698年
1月至4月
1697年
8月至12月
1697年
3月
1698年
8月
1698年
6月至7月
斯德哥爾摩
瑞典
諾夫哥羅德
帕什科夫
里加
莫斯科
大不列顛
丹麥
哥本哈根
斯摩棱斯克
孔斯貝格
阿姆斯特丹
普魯士
倫敦
漢諾威
埃默里希
萊比錫
荷蘭
德累斯頓
克拉科夫
基輔
巴黎
日爾曼邦
布拉格
法國
維也納
奧匈帝國
威尼斯
義大利邦
奧圖曼帝國
0
5000公里
0
250英里

人規劃，以及由義大利人進行細部設計，德國和法國建築師進行建築。然而他開啓到歐洲的窗口，是採用俄羅斯式的方法建造的：成千上萬的農奴、罪犯，以及戰俘爲了謀生，屈從於彼得這位獨裁者意志，工作至死。一六九九年，彼得下令俄羅斯放棄拜占庭曆法，依據基督誕生的西方年表開始計算。於是，第二年，拜占庭第七二〇七年[1]突然變成了公元一七〇〇年。

彼得在戰爭中

但是到了最後，蓄鬍和建築、教會政治和行政改革，都和戰爭有關。彼得非常渴望的是建立一支現代陸軍和海軍。在他臨政沙皇二十八年之中，他度過二十三年的戰爭歲月，包含了一七〇〇至一七二一年北方戰爭和一七二二至一七二三年的波斯戰役。一六九八年，他見證了軍隊現代化的重大改革和擴展。每年在二十戶農戶之中，都有一個農民受到徵召入伍，服役終生，所以當一位年輕的應徵者離鄉入伍時，他去送行，或是參加葬禮。彼得通過軍事設施的標準化，讓軍官團更爲專業化（他僱用外國人），以及生產新式的現代大砲。這一切都可以追溯到恐怖伊凡對於喀山戰役的激情，同時反映到後世蘇聯對於所謂的「紅色戰神」的倚賴。

[1] 譯註：拜占庭曆。

彼得的夢想，沉迷於航海和造船技術，讓俄羅斯擁有一支海軍。到他去世的時候，他已經建造了一支由三十二艘船艦組成的艦隊，並且擁有一百多艘其他船隻。可以說，俄羅斯以前不需要海軍，但是等俄羅斯開始擴大參與海上貿易，並且像是瑞典等大國，以航海爭奪北歐霸權時，確實變成了優先事項。不過，他認真精準地做到了，而北方戰爭更像是一連串的戰事，其中的戰鬥國家合縱連橫，但是俄羅斯和瑞典仍然是各自聯盟的支柱，保持紳士在酒吧鬥毆時的優雅。首先俄羅斯和波蘭、丹麥—挪威和薩克森結盟。直到瑞典人在烏克蘭波爾塔瓦戰事失利。後來，波蘭、丹麥—挪威和薩克森，也宣告休戰。有一段時間，鄂圖曼人趁機協助瑞典，攻擊宿敵俄羅斯，而漢諾威和普魯士同時加入俄羅斯。英國人是永遠的機會主義者，擔心歐陸國家太過強大，實際上在不同的時間點，都設法支持對方。

最後俄羅斯贏了戰役——或者說瑞典最後輸了戰役——俄羅斯確立了自己的大國地位。瑞典帝國係屬當年軍事超級大國，徹底被打敗，尤其是人口相對較少（「北方雄獅」查理十二世擁有四萬名士兵，攻入俄羅斯之後，後來只有五百四十三名士兵回鄉）。標誌雙頭雄鷹的俄羅斯，讓標誌獅子的瑞典更謙卑。俄羅斯不只是靠贏得一場戰鬥而勝利，但是需要建立軍隊和持久的後勤基礎設施，才能贏得最後戰爭的勝利。同樣，一七二二至一七二三年的俄羅斯—波斯戰爭，當年無法對抗克里米亞的軍隊，現在可以深入到高加索和裏海地區。當波斯帝國在衰落之中，彼得需要阻止鄂圖曼人順勢占領波斯帝國舊址，形成俄羅斯南翼的威脅。

波斯帝國是彼得眞正的遺產。他是一名戰士，而不是國家的建設者。他開始學習軍事，更需要學習政事。他對於外界思想的開放，是針對於當時社會的反叛。他很容易嘲弄模仿當時的偶像。他有一個臭名遠播的密友俱樂部，喝酒聊天模仿嘲弄當時政要是傻瓜和小丑，公開嘲笑俄羅斯境內的教會禮儀。彼得當然不可能看到宗教現代改革者馬丁路德故居門欄的塗鴉上，寫著一句具有哲思的話：「這是留下自己名字的人」。取而代之的是，他以強烈實際行爲加諸於俄羅斯。彼得宣稱落後的俄羅斯像是弱者，是個脆弱的國家。他解決了行政的迫切需要，強化了國家對於貴族、教會，以及農民的控制。他無情地接受挑戰；彼得讓自己的大兒子因爲涉嫌謀反，而受到折磨至死。他讓俄羅斯成爲大國，讓西方國家迄今都要付出誤認俄羅斯是「粗魯野蠻王國」的代價（例如十六世紀的英國航海家理查德・錢塞勒對於俄羅斯的謔稱）。彼得在安全需要的情況之下，進行改革，並且要的不多。這是一位士兵、木匠、船匠，以及業餘牙醫，可以設想到的現代化。這將需要凱薩琳大帝，以現代的心智，進行現代化的改革。

延伸閱讀

儘管羅伯特・馬西的著作《彼得大帝：他的生活與世界》（一九八〇年克洛普出版）是通常被認為的標準版，我建議林賽・休斯寫的《彼得大帝》（二〇〇二年耶魯大學出版），選材審慎、撰寫精湛，以及小心解釋疑難，是許多傳記中最好的一本。波蘭人福伊・德・拉諾伊維爾寫的《一六八九年莫斯科公國的新奇紀事》（一九九四年賽斯出版）是當年最有趣，但是誇張奔放的紀錄，可以線上閱讀。彼得・英格蘭德寫的《歐洲震撼之戰：波爾塔瓦和俄羅斯帝國的誕生》（二〇一三年托里斯出版），剖析彼得統治時對於戰爭的定義，作者更深入探索當時的特殊背景、關鍵參與，以及時代脈絡。

第五章

我將成爲獨裁者：那是我的交易

時間軸

1725年	彼得大帝逝世。
	凱薩琳一世的政變。
1762年	葉卡捷琳娜・凱薩琳（凱薩琳二世）發動政變。
1767年	立憲委員會召開。
1768-1774年	俄土戰爭。
1773-1774年	普加喬夫暴動。
1783年	吞併克里米亞。
1785年	縉紳憲章。
1787-1792年	俄土戰爭。
1788-1790年	俄瑞戰爭。
1796年	凱薩琳大帝逝世。

英國漫畫家特別喜歡肆無忌憚的諷刺當時的公眾人物，尤其是一位不太特別討人喜歡的俄羅斯代表凱薩琳女皇二世，她在許多方面，都標誌著俄羅斯的新地位。當她挑戰鄂圖曼帝國的野心，她從俄羅斯邁向君士坦丁堡，而在她之下，是歐洲的精神和世俗領主，表達他們鄙夷的欽佩。「從未見過任何東西像她（指俄羅斯）」，法國的路易十六說。「多麼驚人的擴張啊」，這讓英格蘭的喬治三世，神魂顛倒。鄂圖曼蘇丹感嘆：「整個土耳其軍隊，都不會滿足她」。除了對於凱薩琳（很大程度上是神話般的）廉價性感的拍攝照片之外，凱薩琳值得注意的，她不是以某種異國情調的亞洲君主爲象徵，而是一位完全展現出歐洲式的君主，這是彼

英式諷刺漫畫《帝國跨步》。（1791年）

得開始將俄羅斯西化的高潮過程。其次，雖然俄羅斯從未設法君臨君士坦丁堡，這種想法咸認爲是完全可能的。俄羅斯不再是微不足道的小咖，或是遙遠的軸承，而是任性易怒的歐洲大家庭的一份子。

畢竟，凱薩琳大帝（一七六二至一七九六年在位）做得更多。她不但是塑造了十八世紀的俄羅斯，甚至塑造了俄羅斯在世界上的形象和地位。其中，在很多方面，我們今天可以形容她以情婦的身分周旋。她擴建了在聖彼得堡的冬宮，和法國的宏偉凡爾賽宮相媲美。她與當時的哲學家，尤其是伏爾泰，保持著熱烈的通信，即使在安全地避免和伏爾泰過於親暱，人們也看不出她對俄羅斯的主張，有多少宣傳說法，或只是虛張聲勢。當這個國家正處於被迫與鄂圖曼人之間的戰爭，她告訴伏爾泰說：「我們的稅負如此之低，在俄羅斯的農民，都可以隨心所欲地吃雞肉。」她確實是一位改革者，並試圖建構人民識字、強調進步的政策，並且營造健全法律的國家。凱薩琳就是那一種十八世紀實現歐洲「開明專制」理想的形象，她以權力將國家導向繼承過去的一種未來。

不過，可以說，她越是試圖改變俄羅斯納入歐洲國家系統，她帶來的越多在政策設計之中，無可避免的矛盾。在凱薩琳的黃金時代，在很多方面都證明了只是一種鍍金的黃銅。她其實脫離了西方的法院、工廠、造船廠，以及大學式的歐洲文化，越來越遠。據說她最喜歡的格里高利・波將金建造了假村莊，讓參訪的凱薩琳欣喜不已。這可能是一種寓言化的產物，但是凱薩琳讓俄羅斯啓蒙一座「波將金國家」。她努力說服其他人——以及自己——甚麼是「波將金式」的作品。這需要一位崛起的科西嘉的砲兵，眞正打破了許多十八世紀的俄國神話。拿破崙穿越歐洲，並且襲擊了俄羅斯的土地。

畢竟，從根本上說，以中世紀的社會和經濟的層面，這個國家仍然深陷泥沼。絕大多數人口是農民，大多數農奴在國家、貴族或是教會擁有的土地上工作，這幾乎不會改變。一七二四年百分之九十七的農奴生活在這片土地上，一七九六年的農奴百分比爲百分之九十六。農奴是一種以家庭單位，在全國各地轉移，是一種可以出售的動產。此外，農奴對於他們工作的土地，沒有甚麼要求。雖然有些改變，已經進行了象徵性的嘗試，藉以引入西式耕作方法，但是所占比例很少。有時是因爲厚重的土壤和惡劣的氣候不利改變，但往往是因爲缺乏技術、培訓、投資資本，以及利息，因此農業生產力仍然接近中世紀水準。

國內銷售和國際貿易確實增長了，特別是隨著俄羅斯取得波羅的海和黑海的臨海港口，隨之出現了一種新的擁有小資產的商業階級。農民商人處理了很多小規模的國內商業活動；外國人和貴族則處理大規模的商業活動。這一種狀況處於經常性的世紀金融危機，稅收永遠趕不上戰爭的開銷，宮廷對於大型知名營建的態度，只好使用期票支付，以及大量印製鈔票，來塡補這一片空白。雖然國家官僚和富裕的貴族學習文字，藉以認識國外生活的方式，但是許多鄉紳，往往既不認識字，也不會寫字。這幾乎不是凱薩琳大帝想到兜售給西方的國家。

女皇時代

傳統上如此沙文主義的俄羅斯，勉強接受習慣於女性登上王位。當彼得於一七二五年去世之後，他一方面建立了來自皇室家庭任命他的繼任者爲沙皇的原則；但是實際上無法提名任何繼位者。在此之前，他曾經宣布他的第二任妻子凱薩琳成爲女皇。但是凱薩琳是否可以輕易掌握權力基礎，值得懷疑。相反的，凱薩琳被視爲是一位合適的傀儡。國家執政由一群在彼得領導之下，崛起的人物組成，由精明但極度腐敗的亞歷山大公緬什科夫主政。緬什科夫召集警衛團——說明他是一位保皇者，或者在這個案例之中，他是女皇擁立者。由於擔心來自貴族家族的傳統菁英主義者，輕易重新掌權。在一場虛擬的政變之中，保皇黨擁護她爲凱薩琳女皇一世（一七二五至一七二七年在位）。

她有兩位女兒，但是俄羅斯還沒有準備好母系血統，所以凱薩琳女皇一世只好同意採用唯一的男性，彼得大帝的孫子作爲她的下任繼位者。當她於一七二七年去世時，十二歲的彼得二世（一七二七至一七三〇年在位）正式加冕，掌權的緬什科夫親王擔任攝政王。然而，命運似乎不願讓性別歧視變成過去，僅僅三年之後，彼得二世去世，沒有留下任何男性繼位者。必須從彼得大帝的共同沙皇伊凡五世的孩子中尋找，這意味著要麼從最年長的凱薩琳，或是從她的妹妹安娜之中尋找一位。不管高興與否，俄羅斯人將擁有一位女皇。

凱薩琳長大了，她嫁給了一位德國人，梅克倫堡施威林的卡爾·李奧波，貴族團擔心凱薩琳在俄羅斯，成爲沙皇，卡爾·李奧波會產生影響。相反，最高樞密院，取代了貴族院的立法機構，則選擇了寡居的安娜。這和選擇凱薩琳一樣，其目的是讓安娜成爲傀儡。理事會主席迪米崔·戈利岑親王，向安娜展示了付諸實現的條件，可以要求服從，而不是強制執行。但是一旦加冕之後，安娜（一七三〇至一七四〇年在位）撕毀條件，並且解僱了理事會成員，用自己的候選人遞補。戈利岑試圖爲俄羅斯立憲，但最終死在監獄之中，人們可想而知，這是否是因爲眞的違反原則，或只是因爲他妄想這只是權力寶座之後操控的虛幻機會。

十年之後，瀕臨死亡的安娜讓她兩個月大的甥外孫，另一個伊凡成爲她的繼承人，並任命她的德國情人恩斯特·比隆攝政。這是爲了確保伊凡五世的血胤，以及比隆的未來。安娜從來就不是一位受到歡迎的人物，她在宮庭中充斥德國親戚成爲親信的傾向，疏遠了民眾。伊凡六世（一七四〇至一七四一年在位）加冕，但是就在他加冕十三個月後，不幸的兒皇和家人遭到監禁，關在俄羅斯控制的拉脫維亞一座堡壘之中；三個星期之後，比隆被放逐到西伯利亞。彼得大帝的女兒俄羅斯女皇伊麗莎白發動政變。伊凡五世和彼得共同擔任君主，但他們的血胤似乎陷入了無窮盡的戰爭。精力充沛，聰明迷人，伊麗莎白擁有精銳的近衛軍團，並且在一七四一年奪取了冬宮，在一場不流血的夜晚，伊凡遜位。三十三歲的伊麗莎白女皇（一七四一至一七六二年在位）迎來了優雅、奢侈和外交的時代。俄羅斯變得越來越以一種歐洲大國的姿態出現。與瑞典的戰爭結束之後，俄羅斯占領了芬蘭南部，成爲七年戰爭（一七五六至一七六三年）中，對抗崛起的普魯士的關鍵參戰方。一七六二年，普魯士正處於戰敗邊緣，腓特烈大帝聽到伊麗莎白已經逝世消息傳來。伊麗莎白無嗣，想要保存彼得大帝一系的血脈，她可以選擇唯一的繼承人是她的侄子，霍爾斯坦─哥托普城堡的彼得。彼得三世出生於德國，儘管伊麗莎白曾嘗試過讓他接受過俄羅斯教育，彼得三世生前著迷於玩具士兵，因為天花過世，只統治了一百八十六天。然而，他關鍵性地打開了冬宮的大門，並且獻給他的妻子，安哈爾特─采爾布斯特王國的蘇菲亞公主，她將在歷史上被稱爲女皇凱薩琳二世的凱薩琳大帝。

從蘇菲亞到凱薩琳

神聖羅馬帝國安哈特─采爾布斯特王國的蘇菲亞出生於普魯士，具有德國貴族血統。她的人脈很好，但是沒多少財富。這是女孩子家的宿命，安哈特─采爾布斯特王族會爲了她好，早一點嫁出去，不管她自己愛上誰。當然她嫁給二表哥，霍爾斯坦─哥托普城堡的彼得的選擇，完全歸咎於政治，而不是基於感情。彼得的姑姑，伊麗莎白沙皇，渴望和普魯士建立聯繫，蘇菲亞雄心勃勃、愛管閒事的母親對於女兒登上俄羅斯王位前景，充滿熱情，並且有機會爲普魯士腓特烈二世，在俄羅斯進行間諜活動（蘇菲亞的母親最後被禁止參加俄羅斯國家活動，正是出於這一種原因）。

十五歲時，蘇菲亞去了俄羅斯。她討厭彼得，但是她也沒有太多選擇。對於一位本來就身無分文的年輕普魯士公主，蘇菲亞也沒有意識到任何機會。伊麗莎白沙皇顯然很喜歡她，這並沒有什麼壞處。所以蘇菲亞以典型的熱情風格，開始學習俄語，接受東正教信仰受洗，進入了俄羅斯。取名葉卡捷琳娜・凱薩琳——並且在一七四五年和彼得結婚。

彼得並沒有和她過更親密的生活，基本上他們兩個人過著不同的生活，以戀人之名，各自追求自己的興趣。彼得喜歡玩玩具士兵，並且訓練眞實的士兵，可以在清晨訓練他的男僕進行嚴苛刻的軍事演習。相比之下，活潑精明的凱薩琳，則積極地向最重要的衛兵團示愛。一七六二年彼得三世即位時，俄羅斯人越來越討厭他。尤其是當時入侵普魯士，但是即位之後，過早退出與普魯士交戰（彼得三世非常崇拜腓特烈大帝，甚至尊稱他爲「我的主人」）。

諷刺的是，擁有德國血統的俄羅斯沙皇凱薩琳，似乎比俄羅斯血統的彼得沙皇更忠誠。他和彼得三世這個男人結婚了十七年，沙皇凱薩琳二世顯然已經準備好抓住機會擺脫。然而，她取代了彼得三世的位置。當彼得三世在鄉間莊園和親戚共度時光，凱薩琳密謀回到聖彼得堡，她穿著警衛制服，光彩照人，參觀了禁衛軍團，並且感謝支持。凱薩琳二世在教會、政府內部有關鍵人物支持，並且她有衛兵擁護。彼得被逮捕之後，並且被迫遜位，不久之後被遭到殺害，凱薩琳二世（一七六二至一七九六年在位）繼位爲攝政女皇。

通常在歷史中，傳統儀式經常爲了政治實用主義進行辯護。幸運的是，通過凱薩琳二世的家譜，可以追蹤到與俄羅斯留里克王朝，就如同凱薩琳一世繼任彼得大帝的例子，無論在時間先後，現在都成爲了慣例。雖然有偶爾會出現陰謀論—還有更多農村暴動的嚴重威脅——凱薩琳二世繼續掌權，直到她去世爲止。

她受過教育、聰明，是一位來自於更國際化的歐洲貴族，凱薩琳二世致力於改革，將俄羅斯提升到西方水準。如果彼得大帝的眞正重點是軍事，並且極力要求國家基礎建設，她的重點在於歐洲文化和智慧。在歐洲，這是一個開明專制的時代，專制統治者聲稱自己是理性、科學過程、自由，以及寬容啓蒙價値觀的啓發者，並且在乎人民的利益。通常，這實際上證明了更多地是關於專制，而不是一種啓蒙。凱薩琳本人有句名言：「我將成爲獨裁者：那是我的交易」。

儘管如此，她極力將自己和她的國家宣揚爲啓蒙運動中最前鋒的歐洲大國。在窮奢豪侈之下，西洋時髦文化，變得是派對和慶祝活動中不可缺少的豪奢裝飾（到了一七九五年，超過八分之一的國家預算總額用於宮廷支出）。正如俄羅斯僱用荷蘭和英國的造船工人，無法一夜之間讓俄羅斯現代化，同時當代也沒有出現知名歐洲哲學家和收購西方藝術收藏品，可以重塑了這個國家。老實說，與其說她做了什麼，不如說她寫了什麼，以及其他人對她的名聲的評價。

啓蒙空窗期？

這並不是意味著凱薩琳什麼都不做。恰巧相反：這是一個長足進步並且改變的時期。曾經被禁止或忽視的外國書籍，重新翻譯俄文，在許多人的抱怨之下，引入了天花疫苗接種。她崇尚宗教寬容（同時攫取最後的教會土地），並且理論上停止使用酷刑。儘管她提出普及教育的宏偉計畫，但是一事無成——尤其是因爲對於農民來說，看不出有什麼意義——她的統治確實見證了學校和大學的擴張，甚至還有一些女學生被錄取。

然而，她的計畫的核心，卻是一片空白。她似乎真的相信，自由和法律，如果要有意義，就必須約束國家和君主。但是她也是一位毫不掩飾的獨裁者，不願意容忍抗議或異議。她是認眞對待合法性和改革，還是只是裝飾作用？

例如，在一七六六年，她召集了一個立憲委員會，由貴族、市民、農民，以及哥薩克的代表組成——而不是農奴——考慮制定新的法典。他們收到了凱薩琳的議會立憲指令，作爲二十二章的原則聲明，她想要體現在這段聲明之中。她曾在這方面的文件工作將近兩年，雖然她重逐字逐句地抄襲法國哲學家孟德斯鳩、義大利法學家切薩雷・貝卡利亞，以及其他歐洲思想家的論述。這是一篇令人印象深刻和充滿進步性的論文，結合了繼續致力於進步的絕對主義，擁有平等及法制的概念。

然而，當立憲委員會運作之後，很明顯，這個隨意的拼裝貴族、市民、士兵、鄉紳、文官，以及哥薩克人的委員會是不合格的。同時立憲委員會不夠團結，也不確定自己的授權。在兩百零三次開會討論一切從貴族的特權到商人的權利之後，但最後失敗了，沒有得到任何結論或是提出單一建議。最終，一七六八年在俄土戰爭爆發之後，立憲委員會停擺，再也沒有召開。但這是否意味著憲政完全沒有意義，只是在表面上的立憲運動？不完全是。首先，凱薩琳不可能完全指責立憲委員會的無能。這是一個實驗性的協商過程，以及把握任何其他機會，正是看看討論之後，是否有任何共識的國家（結果沒有）。這也給了她進入社會群體的優先事項和關注焦點的見解，否則很少有人會聽到他們的意見。這確實讓意見領袖間接進入了未來進行立法。她還請來了代表鄉間的縉紳，他們經常不會離鄉背井，除非在戰爭中被國家徵召。這提醒了舊式的貴族集團，認爲有替代權力基礎，因爲凱薩琳想給農奴上訴的權力。

權力和目的

畢竟，在所有關於平等主義的夸夸其談的背後，是一場至關重要的權力重新談判。這個國家的貴族，擁有關鍵的權力，繼續和朝廷重新談判軍隊、公務員，以及縉紳的權力關係。他們不是擁有股票財富的投資者，也不是都在政府機關服務。相反，他們的財富仍然是以在土地耕作上的農民和農奴爲基礎，所以農奴不得不繼續當農奴。作爲沙皇，凱薩琳自己擁有其中五十萬名農奴，而國家還有另外的兩百八十萬名農奴。如果他們的主人虐待他們，她賦予農奴更多向地方州長請願的權利；但同時，她還賦予地主流放農奴到西伯利亞的權利；農奴可說是贏了一些權利，可以說也失去更多的權利。在彼得三世一閃而逝的統治中，發布了一系列新的法律和法令，包括《貴族自由宣言》，進一步規範了貴族的服務義務。其中一句話是：「任何俄羅斯貴族都不會因爲違背他的意願而被迫服役；我們的任何行政管理人員，也不會因爲辦案而召喚貴族，只有當朕在聖旨之下，親自傳召。」憤世嫉俗的人，可能會暗示彼得三世是軟弱的君主，其立場搖擺，試圖爲自己向俄羅斯貴族兜售取得支持。無論如何，凱薩琳——大概也注意到一位因爲政變而即位的君主，也可能輕遭到廢黜——需要廢除彼得過去政策。

一七八五年，她更進一步，發布了她的《縉紳憲章》。證實了對於強制性國家服務和稅收的豁免，針對於農奴和對於所有莊園的完全世襲權利。縉紳被授予建立自身在省市集會的權利。這是經典的凱薩琳招式：僞裝對於徵兵的一種讓步。她顯然已經意識到帝國的問題，恰巧在於君主極權。她不想削弱專制，但讓帝國其更具彈性，通過創建中介機構處理大量日常治理事務，讓帝國變得更強大；而不是要求一切都由聖彼得堡裁決，或是只通過單獨任命的州長任其濫權、腐敗和怠惰。同年，她也賦予了城鎮草擬章程，建構地方治理的結構。

在許多方面，這是重要的凱薩琳改革時代。沒有空洞乏味的通訊信函，也沒有啓蒙運動價值觀中的空洞誓言。凱薩琳可能不喜歡死刑，但當其中一位兄弟遭到殺害，她視而不見。她的情夫謀殺了叛變的葉梅利揚・伊萬諾維奇・普加喬夫，最大的農民暴動領袖。普加喬夫在俄羅斯歷史之中——喚起了虛假的貴族過往時代，他自稱是保羅三世——一七七五年在莫斯科被斬首和碎屍。

她的外交政策同樣務實，即使總是隱藏在正確的，幾乎是道歉的修辭之中，她聲稱：「我沒有辦法保衛我的邊界，只能擴張他們」。她當然做到了，而俄羅斯的領土在她統治期間，增加了超過五十萬平方公里。她積極地和波蘭—立陶宛交戰，俄羅斯最終占據了立陶宛和波蘭領土的東半部。鄂圖曼人是特殊團體，但是凱薩琳看到了俄羅斯在南方擴張的最大機會。她從來沒有「君臨」君士坦丁堡，但是在一七六八至一七七四年和一七八七至一七九二年的戰爭之中擊敗土耳其人。結果，她侵占了烏克蘭南部，並且二十一世紀俄羅斯歷史重演，吞併了克里米亞。一七八三年克里米亞對於俄羅斯來說，還是屬於鄂圖曼帝國屬地。

在凱薩琳內心深處，她是開明的暴君，專橫多於開明。她在禁衛軍中的談話毫不含糊：「主權是絕對的；因爲沒有其他權威可以取代；甚至是以個人爲中心的權威。俄羅斯主權能夠保持如此廣闊的領地範圍……所有其他形式政府，不僅會對俄羅斯造成不利，甚至會證明造成俄羅斯變成了廢墟」。但她是一個聰明的暴君，她明白在俄羅斯採取的舊統治方式，越來越過時了。正如常被引用的女皇所說：「大風在吹，這讓你要嘛幻想，要嘛頭疼」。她沒有給俄羅斯將如何改變

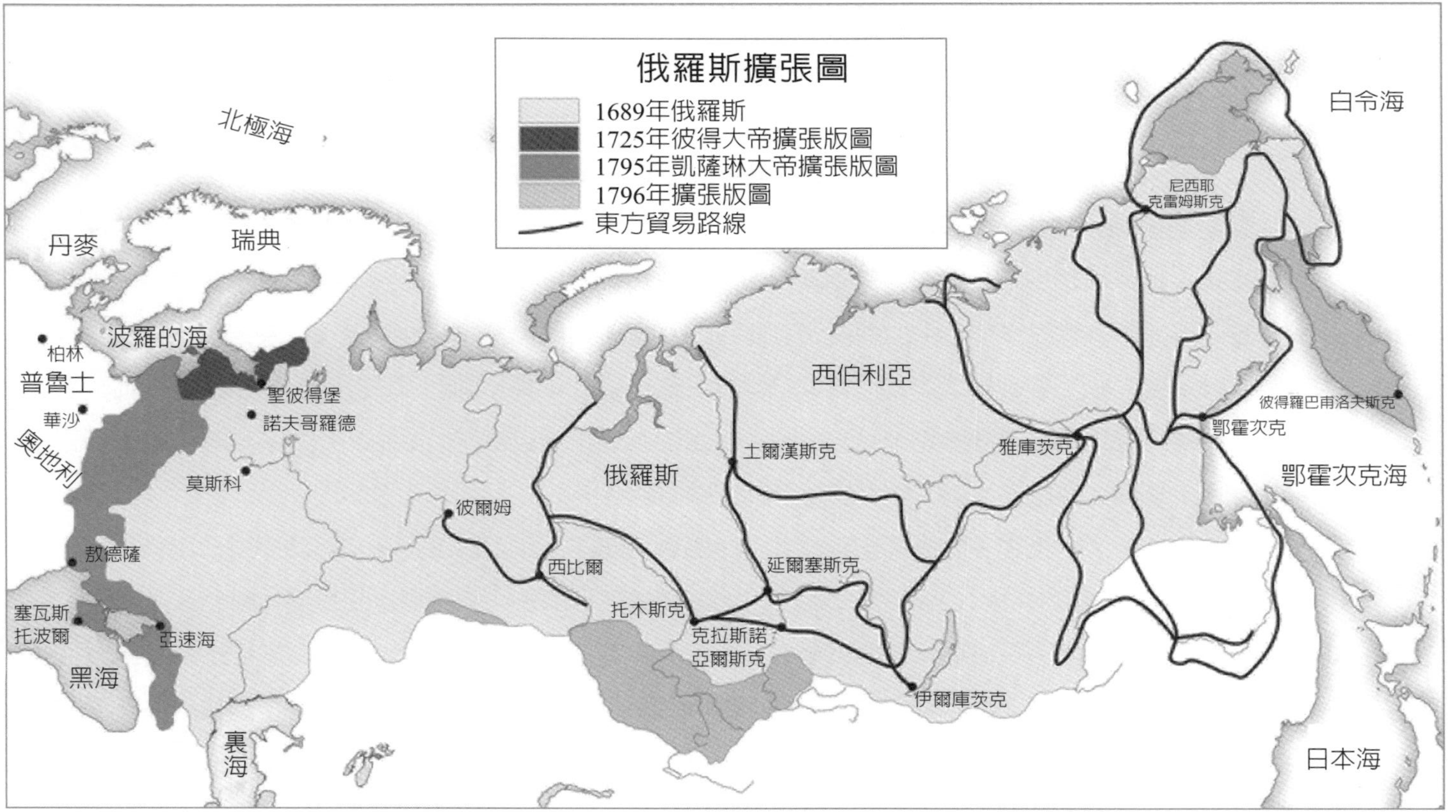
俄羅斯擴張圖
1689年俄羅斯
1725年彼得大帝擴張版圖
1795年凱薩琳大帝擴張版圖
1796年擴張版圖
東方貿易路線
北極海
丹麥
瑞典
波羅的海
柏林
普魯士
華沙
奧地利
聖彼得堡
諾夫哥羅德
莫斯科
敖德薩
塞瓦斯托波爾
亞速海
黑海
裏海
彼爾姆
西比爾
俄羅斯
托木斯克
克拉斯諾亞爾斯克
土爾漢斯克
延爾塞斯克
西伯利亞
伊爾庫茨克
雅庫茨克
尼西耶克雷姆斯克
鄂霍次克
彼得羅巴甫洛夫斯克
白令海
鄂霍次克海
日本海

的答案——但是她開始思考這個問題。

後凱薩琳時代

一七九六年凱薩琳自然死亡，由她的兒子保羅一世繼位（一七九六至一八〇一年在位）。民間傳聞的八卦，曾經質疑保羅一世是否眞的是彼得三世的兒子。隨著他的成長，凱薩琳幾乎沒有時間陪伴他。事實上，她認眞考慮過在繼承問題上，完全跳過他，並且宣布保羅的兒子亞歷山大爲她的繼承人。凱薩琳的傳奇風采，讓保羅的統治黯然失色。儘管當時已經四十二歲，保羅看起來像是青春期叛逆——他的加冕典禮——反對自己塑造成完美的啓蒙者，反而想要擁護僵化和專制的保守主義。他急忙頒布所謂的俄羅斯帝國羅曼諾夫家族的「長子繼承法」，確定王位只能傳給後代的男性繼承人：不再有女皇。不會有人發現，自己的兒子會帶來更多的繼任危險。他毫不掩飾自己的不屑，將財富灑在少數貴族親信身上，鄙視其他貴族。他像他的父親一樣，熱愛軍隊，但同樣對於眞正的領導統御知之甚少，只對於軍伍中踏步和制服詳細的決定有興趣。

儘管俄羅斯軍隊的形式很重要，但是目前已經是法國大革命的時代。保羅一世既是一個堅定的獨裁者，又是一位神祕主義者（在一七九八年，他被選爲耶路撒冷的聖約翰騎士團中的馬爾他騎士團騎士），他想到的是這是一場反對無政府狀態的十字軍東征。一七九九年，俄羅斯加入奧地利、土耳其、英國，以及那不勒斯聯盟，向法國宣戰。法國拿破崙自封爲第一執政官，聯盟分崩離析。一七九九年，保羅開始討論可能和法國，共同對抗鄂圖曼帝國。他甚至制定了計畫，命令俄羅斯貴族菁英準備向英屬印度派出部隊，看樣子他想要承擔世界的責任。

在危險的時刻之中，同時在危險人物的眼中，他變得更危險了。一八〇一年，一群被解僱的軍官衝進他的臥室，試圖讓他簽署退位令。當他反抗時，他被扼死了。他的大兒子，二十三歲的亞歷山大，知道事情發生的經過嗎？我們知道的是，亞歷山大從來沒有懲罰過刺客。不過最後，我們對沙皇亞歷山大一世（一八〇一至一八二五年在位）所作所爲了解很多，但是令人沮喪的是，很難接受他是誰。一個自由主義者？保守主義者？他自己的一位導師米哈伊爾・斯佩蘭斯基評價亞歷山大：「性格優柔寡斷，而無法統治國家；性格又剛愎自用，而無法被教化」。但在很多方面，也許這並不重要，因爲與法國的交戰，凌駕了他的統治。他看到莫斯科被燒毀，俄羅斯士兵攻向巴黎，以及看到世界改變。

這個國家最終不得不面對改革挑戰。彼得大帝曾嘗試過從上層結構強制國家現代化，並取得了進步，但是還不夠。凱薩琳大帝曾嘗試過從上層結構激勵國家現代化，並展現進步，但是還不夠。很明顯的，眞正的改變必須來自下層結構，這對某些人來說，是一種可怕的遠景，但是對於另外一些人來說，這是一種令人振奮的晉級機會。凱薩琳的議會立憲指令的第一章載明：「俄羅斯是一個歐洲國家」。但在她給法國作家丹尼斯・狄德羅的一封信中，她寫道：「你們這些哲學家是幸運的男人。你們在紙上書寫，紙張包容一切。我則是一位不幸的女皇，我在眾生敏感肌膚上刻劃，寫下了刻骨銘心、直搗心靈的字眼」。是時候看看俄羅斯人是否能夠簡單地穿上歐洲服飾，或者可以教讀歐洲書籍，欣賞歐洲藝術。相反的，他們能否擁有歐洲身分——在文化定義和價值觀，或是在技術和貿易方面——可以銘刻在皮膚深處的印記之內？

別介意俄羅斯人告訴世界其他人他們的故事，這都集中體現在凱薩琳給西方哲學家抒情信中。眞正的問題是，俄羅斯人會告訴自己關於他們的故事。彼得和凱薩琳試圖創造，將俄羅斯置於歐洲的敘事，但是不一定眞正思考這意味著什麼。他們也曾經將這些故事告訴外國人和國內菁英。漫長的教育過程，加上識字普及，之後出現的中產階級，在世界上開始尋找自己的位置。從法國大革命到馬克思主義，其中保證了十九世紀受到更激烈的競爭壓力，將是俄羅斯自己身分認同的世紀，這個時代出現了更多的玩家，比以往任何時候出現的更多。

延伸閱讀

羅伯特・馬西的《凱薩琳大帝》（二〇一一年宙斯之首出版）是一本大部頭的標準傳記，儘管《凱薩琳大帝和波將金：帝國的愛情》（二〇一六年魏登費爾德和尼可森出版）讀起來更有趣。如果你確實想閱讀她的信件，《凱薩琳大帝：精選信札》（牛津大學出版社，二〇一八年），由安德魯・漢，以及凱勒希・羅賓戴爾里夫撰寫，這是一本很好的合集，還有《凱薩琳大帝回憶錄》（二〇〇六年現代圖書館出版）供參。

第六章

正統、專制、民族性

時間軸

1812年	拿破崙入侵俄國。
1826-1828年	俄波戰爭。
1828-1829年	俄土戰爭。
1853-1856年	克里米亞戰爭。
1855年	尼古拉一世逝世。
1861年	農奴解放。
1881年	亞歷山大二世遇刺。
1904-1905年	日俄戰爭。
1905年	1905年革命。

基督救世主主教座堂，莫斯科。

在克里姆林宮的視野內，白牆和鍍金圓頂的基督救世主主教座堂，最初是由亞歷山大一世為慶祝俄羅斯戰勝拿破崙而興建的。這是一種新古典主義的建築結構，反映了當時西方占主導地位的一種風格。然而，原來所在地點並不合適，所以他的皇弟尼古拉一世下令將大教堂遷建於現在的地方，但是尼古拉一世更喜歡傳統的風格，以喚起俄羅斯傳統建築君士坦丁堡聖索菲亞大教堂的榮耀。基督救世主主教座堂外層結構，是在沙皇亞歷山大二世的領導之下興建完成的，他幾乎忽略了這項營造計畫，大教堂終於在一八八三年在亞歷山大三世加冕前夕之前完成。主教座堂後來在史達林執政時期下令炸毀，並在一九九〇年代重建，主要是依據尼可拉一世時期的原作設計。

這棟採用花崗岩、大理石，以及二十噸黃金打造的教堂，是對這些年來政治優先順序事項改變的一種隱喻。亞歷山大一世想要表示俄羅斯具有夠多的財富，媲美歐洲當代品味，建造一座高聳建築。尼古拉一世想要證明俄羅斯無須亦步亦趨，可以區隔傳統風格和皇家美學。亞歷山大二世很忙碌，並不特別關心教堂的興建，而是忙於工廠、法院，以及學校建設。

俄羅斯是否應該意圖看似西方大國，卻沒有眞正想成為眞正的西方大國？她應該堅持自己的方式嗎？還是應該嘗試並緊握現代化的本質，而不只是外表的虛飾？一八一二年拿破崙入侵俄國遭到擊敗，是因為俄羅斯源源不絕的後勤和人力；但是俄羅斯深信不疑的是自身是否具有能力抵抗，證明自身軍力夠先進，並且足以加入反抗陣營。這當然是一種完美的藉口，足以推遲俄羅斯在社會、政治，以及經濟所迫切需要的現代化。任何改革無可避免地會帶來諸多不確定性。畢竟，正如亞歷山大二世統治所需要證明的。

因此，十九世紀是一種國家相互競爭的神話，每一種神話都直接束縛了俄羅斯與歐洲國家的聯繫。對於改革者來說，需要更多西方國家協助。但是對於保守派來說，俄羅斯需要拒絕西方國家，以避免引發混亂。在此同時，革命領袖擁抱希望，冀望來自歐洲的意識形態，可以形成神奇的解決方案。這些解決方案，可以透過某種方式，讓俄羅斯躍居西方社會和經濟發展國家的前哨。俄羅斯自身也正因為內部矛盾，一方面不願意接受改變；同時也不願意希望歐洲排斥，而正四分五裂。

冬將軍和俄羅斯母親

在十九世紀，拿破崙於一八一二年入侵俄羅斯。拿破崙入侵戰爭，隨後——被俄國人視為「衛國戰爭」——對俄羅斯來說，是一場可怕的競賽，因此勝利隨之而來的卻是一場變革。沙皇亞歷山大一世（一八〇一至一八二五年在位）同時代人所說的：「敲了每一扇門，可以這麼說，卻無所適從」。首先反對法國，然後在一八一〇年轉向加入法國的聯盟。拿破崙未能兌現幫助俄羅斯的承諾，對抗鄂圖曼帝國。法國皇帝不能爲了個人或是政治因素而停頓，所以在一八一二年，在一次決定性的狂妄行爲中，領導了世界上最強大的遠征軍，攻打俄羅斯。拿破崙聲稱是時候了，他說：「一勞永逸消滅北方的蠻族，他們必須推回冰雪中。所以在接下來的二十五年內，他們不再來忙於文明歐洲的事務」。拿破崙的法國老兵、波蘭槍兵、奧地利步槍兵，以及皮埃蒙特神槍手在俄羅斯戰敗。這歸功於俄羅斯人的頑強抵抗，但也要感謝這個國家的傳統盟友「冬將軍」，還有「俄羅斯母親」遼闊廣袤邊界的規模。拿破崙越來越憤怒，因爲俄羅斯人根本不願意遵守規則，他要面對全力以赴的敵人，並具有戰略縱深的優勢。在他面前撤退、前進，在途中燒毀莊稼，並且破壞水井。最後，在波羅底諾，俄國人站起來戰鬥。在拿破崙戰爭時期，最血腥的戰鬥之中，一連串的砲火，可能損耗了三分之一的部隊軍力。然而，他們依命令退兵。俄國人甚至放棄了莫斯科，但是拒絕投降。

拿破崙在莫斯科沉思了整整一個月，以爲俄羅斯人會求和。但是俄羅斯人並沒有投降，拿破崙的後勤，例如士兵、糧草庫存，以及戰馬的補給越來越缺乏，被迫撤退。最後遭到了哥薩克人游擊戰術的襲擊，同時遭到了飢餓和疾病蹂躪的憤怒農民伏擊，拿破崙大軍每撤退一步，就逐漸減少兵力，但是拿破崙不顧一切地在大軍前面返回巴黎，以確保他的皇位，並且將這一種失敗視爲是勝利。六十八萬五千名軍士進軍俄羅斯，僅有兩萬三千人倖免於難。

戰爭尚未結束，但是反對拿破崙的趨勢已經產生了變化。反對派看到勝利的機會，普魯士、奧地利，以及俄羅斯聯盟向西進攻，威靈頓公爵率領英國、西班牙，以及葡萄牙軍隊，越過庇里牛斯山脈進入法國。一八一四年拿破崙遜位，流放厄爾巴島（他在一八一五年短暫返回，但是那是另外一個故事了），法國鉅額賠償，剝奪了二十年的收益，沙皇將芬蘭和波蘭的一部分納入帝國版圖，俄羅斯軍官在香榭麗舍大街上，爲勝利乾杯。

在敵基督之後

戰前，善變的亞歷山大一世開始玩弄改革，受到阿列克謝・阿拉克切耶夫伯爵的影響之前，還敢提出對於更高的政府職位，應該參加考試的提議。亞歷山大一世是脾氣暴躁的無情狂熱者，也是荒唐的奇想者——他會有感於夜鶯歌唱的美妙而泣；然後捕殺附近的貓，只因爲夜鶯是貓的獵物——阿拉克切耶夫鼓勵亞歷山大一世擁抱他的父親神祕的彌賽亞主義。法國大革命適時在歐洲掀起了一股激進主義浪潮，導致拿破崙的崛起。亞歷山大一世注意，歐洲的無政府主義的威脅，隨之而來，而且恍若撒旦式的威脅（某位俄羅斯學者採用陰謀命理分析，「拿破崙皇帝」字母加起來，剛好是「野獸的數量」六六六）；而這一場勝利，正是正義秩序的勝利。

這似乎也再次印證了俄羅斯國家係屬強權的實力。十八世紀以來俄羅斯一直受困於如何現代化，如何與西方國家並駕齊驅——這可能對於既有國際秩序有多危險。在政府機構內，新貴的崛起，可以取代貴族嗎？因為教育的普及，會進一步激化了革命情緒嗎？戰勝拿破崙，成為基本系統中強國的浮面的神話。在波羅底諾戰役之後，拿破崙寫道：「法國人展現了自身值得贏得勝利，但俄羅斯人卻證明了自己立於不敗之地。」可以說，這是征服者的有毒遺產：任何政權試圖說服自己無敵的那一天，都是最危險的。

最好的明智方式，卻是想出完全相反的結論。自從凱薩琳大帝統治俄羅斯之後，法語、文學，以及思想，被認為是精緻的頂峰。年輕受過教育的菁英階層軍官，對於革命時代的理想充滿熱情，然後在法國接觸思想教育。早年亞歷山大的統治，為俄羅斯帶來了改變的希望，但是這一種希望，卻為了後來保守主義的異見而破滅。祕密社團、激進派系，以及陰謀運動在表面上井然有序的政權下面沸騰，有人鼓吹君主立憲制，也有人主張徹底的共和主義。到了一八二〇年代，俄羅斯人得出的結論是，改變的唯一希望是以暴力進行政變。他們甚至設定了革命日期，也就是一八二五年十月。然後就在他們準備好動手之前，不到一個月，亞歷山大一世因為斑疹傷寒的可憐命運中死去。

士兵沙皇

但是，爲什麼要浪費準備好的計謀呢？他們決定仍要繼續執行計畫，就像新沙皇尼古拉一世（一八二五至一八五五年在位）加冕，在過程中確保他的統治權力，堅定捍衛現狀。俄羅斯的故事，充滿悲慘的諷刺。尼古拉一世甚至不應該成爲沙皇。亞歷山大沒有留下合法繼承人，只有兩位弟弟。三弟尼古拉大公從軍，二弟波蘭總督康斯坦丁大公繼位的順位第一。但是康斯坦丁一八二〇年娶了一個信奉天主教的波蘭伯爵夫人，因此祕密放棄了他對王位渴求。尼古拉個性負責、精力充沛，但是缺乏想像力，在自由派陰謀者爭先恐後地試圖叛變的情況之下，接受了王位。一八二五年的十二月黨人暴動，大約三千名年輕軍官和同夥走上聖彼得堡的街頭，要求憲法改革，尼古拉調動軍力，將叛軍趕出參議院廣場，忠誠的軍隊以刺刀將倖存者盡數圍困，倖存叛軍最後流放到西伯利亞。新沙皇在戰鬥中上臺，並且第一次看到前線士兵的角色。他反對無政府狀態的暴動，認爲獨裁者必須「溫柔、彬彬有禮，以及公正」建設警察國家。尼古拉無情打壓自由派作家和激進派作家思想家。

尼古拉看待帝國，就像看待軍隊一樣。正如軍隊需要紀律一樣，一個國家也需要紀律。在革命情緒的時代，需要紀律結合。緊接之後十二月黨人暴動，尼古拉認爲是因爲受過教育的年輕人太危險，是一種受到外國啓發的自由思想之產物。改革的答案，落在教育部長謝爾蓋・烏瓦羅夫爵士身上。在一八三三年，俄羅斯提出官方國籍的概念，聲稱俄羅斯傳統價值觀的學說，以防禦外來觀念，採用的口號是「正統、專制、民族性」，俄羅斯是最後一個眞正的東正教國家，這也並不是什麼新鮮事，但是經過一個世紀，超越傳統和擁抱西方理性主義的宣傳，結果恰巧相反。「歐洲」現在是一個污染源，尼古拉說「歐洲」和「俄羅斯民族的性格和感情，都不甚和諧」。上帝的意思是，俄羅斯就是俄羅斯，而不是西歐蒼白的複製品。這是還沒有通過憲政之前未曾稀釋的專制制度。這並不意味著一種暴政，但是可以稱之爲凱薩琳理想的中的未開化之專制主義：僵化的中央，以共同利益的名義藉以行使權力。在追求民族團結和單一忠誠的情況之下，所有臣民臣服於沙皇之下，應該擁護單一的信仰和價值觀。這是一種「俄羅斯化」的時代，如波蘭的天主教會受到新的限制，波蘭人、烏克蘭人、立陶宛人，以及比薩拉比亞人被迫學習俄語。

屈斯汀侯爵的本名阿斯托夫・路易・里昂，是一位橫越俄羅斯的自由派法國貴族，他感到非常震驚，他認爲「帝國雖然遼闊，但只是皇帝擁有鑰匙的監獄」。諷刺的是，沙皇只是一位蠻橫的歷史縮影，毫無幽默感，他只是一位奄奄一息的專制秩序捍衛者，而且深信不疑。他眞誠地相信，在他的神聖統治權之下，需要格外地努力工作，以銘記對於俄羅斯的神聖責任。尼古拉創建了憲兵特種部隊、祕密警察第三廳，以及沙皇皇家總理府，都在亞歷山大・本肯多夫伯爵將軍的轄理之下。尼古拉眞誠相信政府是人民的保護者，出發點是爲了人民好。尼古拉給了本肯多夫一條手帕，上面寫著囑咐要擦去臣民的眼淚。他的審查制度近乎滑稽——在一些烹飪書籍，談到「自由空氣」，聽起來太顛覆了，所以要刪除。亞歷山大・普希金和費奧多爾・杜斯妥也夫斯基的俄羅斯文學巨著，違反了第三廳的查禁命令，但仍然被視為是一種來自於西方的想法，需要力挽狂瀾，阻止破壞性的思惟。

他不是一位自我放縱的沙皇，但是隨著時間的推移，他變得越來越對瑣碎的國家事務感到失望，開始縱情於宮廷娛樂。他對貴族沒有任何期望，根據傳說，他告訴他十歲的兒子亞歷山大：「我相信你和我是在俄羅斯中，唯一不會偷竊的人。」在統治時期，來自波羅的海的德裔貴族（如本肯多夫伯爵將軍）被任命為部委，這些來自帝國西北部的將軍，因為擴權擢升而引人側目。尼古拉覺得他捨棄圈內的官員和貴族，到帝國邊境找到誠實高效的人才。可悲的是，這通常也起不了作用。

最引人注目的是，尼古拉不贊成農奴制度。在他的統治之下，他召集一系列祕密委員會，試圖尋找某種圓融的方法：如何消弭低效、不人道，或是不要全面否定破壞穩定的周期性反叛之源頭；如果沙皇依賴地主，地主是農村秩序的骨幹。在農村改革是否會造成疏遠鄉紳，影響社會秩序？尼古拉勇敢面對人身危險的挑戰，但是他從來不敢解決這個問題。他得到的結論是：「毫無疑問；」「目前的農奴制度是邪惡的……但試圖徹底改變現在的制度，將會形成更大災難性的邪惡問題。」爲什麼要冒險呢？戰勝拿破崙證明無論農奴制度可能有多麼落後，看來俄羅斯系統強大到足以獲勝，並且生存？所以俄羅斯的統治者告訴自己，只要盡他們所能，要維持下去。

歐洲憲兵

有一段時間，俄羅斯人可以繼續這樣做下去。對於大多數被統治者來說，尼古拉是一位成功的戰士沙皇。他肯定投入了熱情、時間、精力，以及經費充實俄羅斯的軍隊。他的軍隊精實壯大，在總人口數六千萬到七千萬人之中，擁有一百萬男性軍人，但後來很明顯的，他搞錯了，需要壯大軍隊，以獲得眞正的戰鬥能力。

就像亞歷山大一樣，尼古拉考慮支持站在國際主義立場，維持一種傳統秩序的義務。在統治期間之下，俄羅斯素稱爲「憲兵」，以表彰其對於幫助君主國家撲滅革命的火焰和餘燼的熱情。一八三一年，他的軍隊在波蘭鎮壓了由他收回波蘭人的憲法權利，所引發的抗暴運動。一旦擁有自己的省轄議會，波蘭只是淪爲一個君王任命省長的省分地位。當一八四八年一系列的革命在歐洲爆發之後，儘管俄羅斯因爲收成欠佳，國家慘遭飢荒和霍亂流行肆虐，他的部隊以維持現狀的名義，進行協助鎮壓克拉科夫在一八四六年在奧地利掀起的自由城的抗暴。尼古拉撲滅了一八四八年的摩爾達維亞民族運動，然後派遣軍隊加入哈布斯堡帝國，於一八四九年鎮壓匈牙利革命。再一次，雙頭鷹的睥睨又無所適從了。尼古拉立即承諾，將歐洲從濫情、褻瀆，以及非法與自由主義眉來眼去的曖昧中拯救出來，以及保護俄羅斯避免來自歐洲想法的影響。他了解西方的進步科技，但是他想採用看起來有用的西方元素，卻是忽略了背後產生的社會、政治，以及法律背景。

因爲缺乏大量的中產商業階級，可以藉由生產形成投資資本；同時沒有大學中自由和公開的辯論，以及接受高等教育的學術圈產生想法，更沒有大型的社會階層流動，以產生新的創新者和懷疑論者，俄羅斯將始終落後，並且拼命嘗試採用他人的發明來適應外在環境。

這並不重要，尼古拉的軍隊部署來對付國內的暴亂者，即使他們的敵人是波斯人和土耳其人。當他們發現自己在克里米亞，相較於英國和法國先進軍隊的不足之處，尼古拉曾經放棄戰鬥想法，這是和他想保護歐洲地位的願望，維持現狀的想法，其實是自相矛盾的。

儘管西方將他描繪成只是渴望，吞併南部和西南部的領土俄羅斯熊又一化身，總體來說，他覺得他在採取行動，以保持穩定。對於俄羅斯的宿敵鄂圖曼帝國來說，那兒有傳統的惡血，尤其是考慮到穆斯林土耳其人對於東正教基督徒土地的占領（包括了「第二羅馬」君士坦丁堡）。然而，尼古拉擔心，任何對這個腐朽的鄂圖曼帝國的嚴重壓力，有可能帶來國家崩潰，甚至在東南歐引起了混亂。這個想法激怒了和鄂圖曼帝國結盟的法國和英國，並疏遠了盟國奧地利。相反，他想讓鄂圖曼帝國保持弱勢，不足以構成威脅——甚至可能成爲俄羅斯的附庸——但是並不削弱到紛亂鄂圖曼帝國的分崩離析。尼古拉還需要保障達達尼爾海峽和博斯普魯斯海峽的通行權，因爲這是一個至關重要的俄羅斯貿易路線，尤其是針對糧食的出口。

希臘人自一八二一年和一八二七年以來，一直在爲獨立奮鬥。英國和法國擔心鄂圖曼帝國崩潰，或是俄羅斯的單方面干預，英國和法國聯合俄羅斯迫使鄂圖曼帝國至少給予希臘自主權。在納瓦里諾，盟軍艦隊果決地擊敗了大而不當，且陳舊的鄂圖曼帝國武力。但是蘇丹馬哈茂德二世仍然不願意承認希臘自主。針對俄羅斯航運，蘇丹關閉了達達尼爾海峽以爲回應。尼古拉派出十萬名軍力進入戰場，經過艱苦的戰鬥之後，到了一八二九年，鄂圖曼帝國被迫求和。

克里米亞與懲罰

然而，最後關於土耳其的「東方問題」，而不是歐洲大國政治問題，變得更少了。英國害怕俄羅斯的擴張主義：這是一種倫敦和聖彼得堡在長期惡劣的相互競爭策略中，彼此之間對於混亂世界的笨拙反應。法國新皇帝拿破崙三世企圖重歸榮耀。鄂圖曼人害怕俄羅斯。在尼古拉視野中，他不僅害怕內鎖大陸，遠離地中海，但是憎恨西方的雙重標準。他的情緒精準地反映在俄羅斯學者米哈伊爾・波戈金的一份報告之中。他寫道：「我們不能期待西方國家，這不過是盲目的仇恨和惡意」。

鄂圖曼占領的聖地引起了基督徒權利的爭論，這導致尼古拉斷言自己才是東正教社群的守護者。但是他試圖促成協議的嘗試失敗了。一八五三年鄂圖曼帝國——相信他們擁有英國和法國的支持——向俄羅斯宣戰。對於鄂圖曼帝國來說，開戰初期很糟，因為俄羅斯軍隊越過了多瑙河，進入羅馬尼亞，俄羅斯船艦消滅了一支在錫諾普的海軍中隊。由於擔心鄂圖曼帝國崩潰，法國和英國援軍趕赴巴爾幹半島，俄國人撤退了。

任何政府都不能容許，因為這會激起了沙文主義的情緒。卡爾・馬克思、弗里德里希・恩格斯這樣說：「法國人什麼都沒做，但是英國人會盡快協助他們」。於是，盟軍選擇將注意力轉向克里米亞半島，針對了俄羅斯在黑海上的主要基地要塞瓦斯托波爾。盟軍花了將近一年的時間，企圖在爭奪戰爭中占領這座城市。英勇奮戰和戰事不利，形成拉鋸現象。英軍輕騎兵向俄軍發起衝鋒，企圖奪取俄羅斯的大砲，但是因為溝通不良，英國騎兵直奔大砲陣地折兵損將，在很多方面都是雙方戰事膠著的縮影。

儘管如此，這場戰爭證明是一種轉折點。對於俄羅斯，儘管尼古拉本人不會看到最後的結局。他於一八五五年去世，當時塞瓦斯托波爾遭到圍城。認為俄羅斯似乎並沒有落後而面臨滅國風險，他欣慰的死去。有了輪船，英國和法國軍隊可以得到加強和補給，其速度比俄羅斯人更快。即使自己在境內戰鬥之中，俄羅斯人都緩慢的像是龜步在管理。英國的步槍兵和法國步兵，超越過時俄羅斯的滑膛大砲。一些沙皇時代耀眼的將軍和堅韌部隊的勇敢行爲，無法掩蓋俄羅斯農奴軍的火力和訓練不足，而且領導拙劣。這些都隱喻著這個國家的社會、經濟，以及技術條件的不足。

這場戰爭證明是俄羅斯從未見過最雄心勃勃的社會工程計畫的催化劑。新沙皇尼古拉斯之子亞歷山大二世（一八五五至一八八一在位），迅速求和，並把目光轉向國內。俄羅斯未能實現現代化，這次失敗在激進的時代，甘冒風險，讓俄羅斯在帝國主義和不斷變化的歐洲力量平衡中變得更脆弱。農奴想要回土地，但是沒有答案，這對依賴於農奴的地主菁英，會造成什麼影響。西方人想要立憲君主制和工業化，但是對於俄羅斯來說，這意味著什麼，似乎沒有答案。保守派的斯拉夫主義者，堅持認爲俄羅斯文化需要清除西方的頹廢，但沒有回應，如何和現代化的必要性相互協調。每個人都認同必須完成一些事情——正如托爾斯泰所說：「俄羅斯要嘛必須垮臺，要嘛被改造」。——但沒有達成甚麼一致的意見。所有的目光都轉向亞歷山大。

解放精簡版

在加冕之前，亞歷山大就已經明確表示，他願意拆解尼古拉不願觸動的國內神經，宣稱：「以最好的方式從上而下廢除農奴制，而不是等到由下而上自我解構」。改革是必要的，但是既要防止革命，同時也要避免外國勢力，如波蘭人和瑞典人開始感覺到可以干預俄羅斯政治。然而，這項改革必須從上面進行管理，以確保可以評估。也因爲如此，在政治思惟落後的農民、相對稀少的中產階級，以及崇尚自利的貴族之間，還有誰可以比沙皇更被信賴這樣做？然而，這一切意味著有兩個和亞歷山大的改革難以調和的致命悖論。

首先，過度自由化。法律面前人人平等，國家憲法不可避免地對亞歷山大的信念，提出了挑戰。也就是強大的行政權力，需要推動改革，因爲在很大程度上，憲法明確地關於規範不受約束的國家主權和沙皇的權力。政治上活躍的力量，以及要求改革的聲音，很快就被迫實施，陷入了選擇的困境：菁英要爲國家服務，或是失去爲國家服務的獨立行動能力，還是被視爲是顛覆者。第二種悖論，是關於解放農奴的執行面。亞歷山大依靠國家官僚和縉紳來推動改革，利益關係人權益遭到威脅，但是不能疏遠他們。儘管如此，亞歷山大無疑贏得了「沙皇解放者」的綽號。他赦免了政治囚犯、放鬆審查、恢復獨立大學，設立獨立法院，以及爲了貧民，主持了大規模的學校擴建。他的「偉大改革」的核心是最終重塑國家的農業，以及解決農奴制的社會基礎。畢竟，

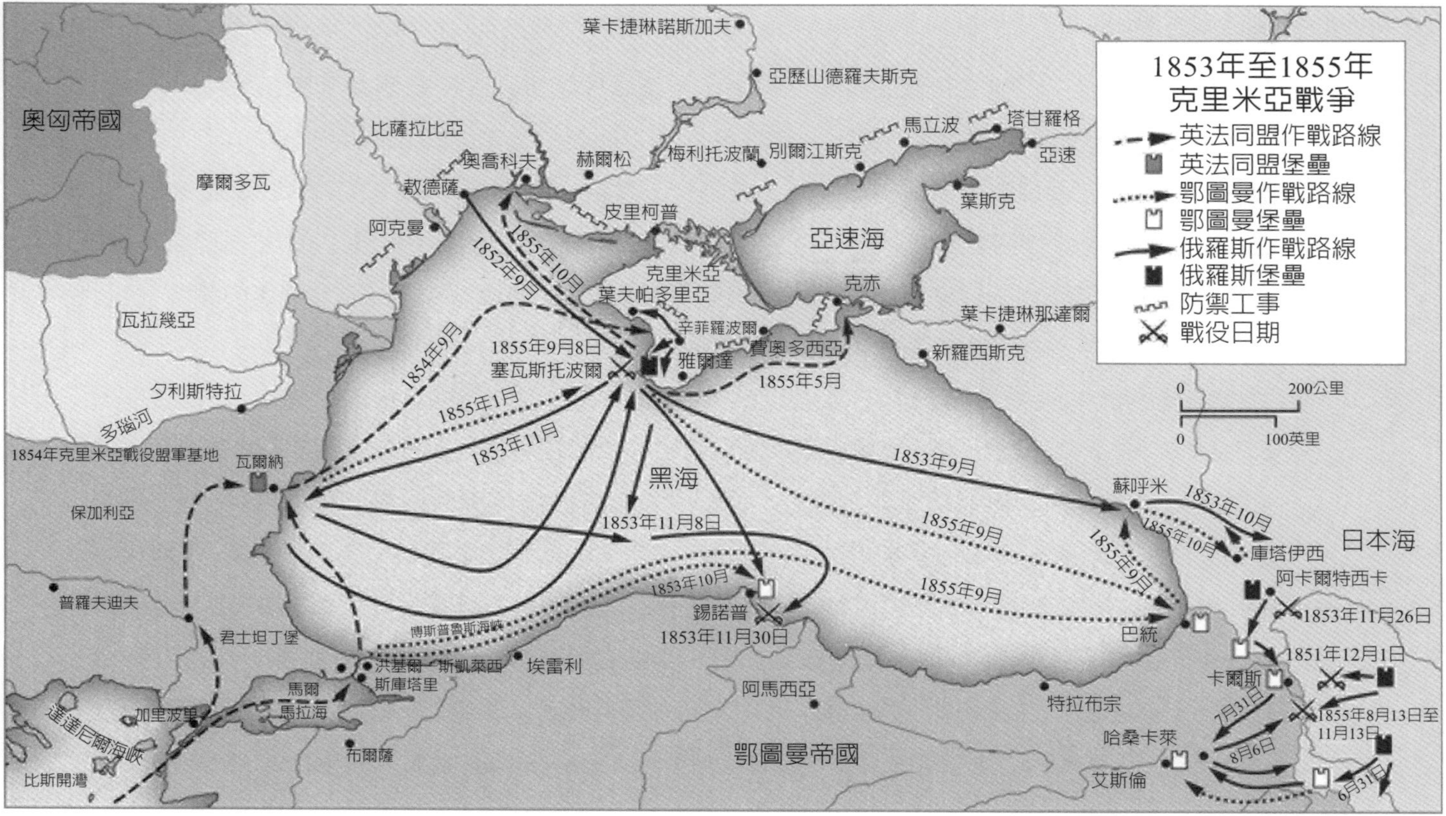
1853年至1855年
克里米亞戰爭
英法同盟作戰路線
英法同盟堡壘
鄂圖曼作戰路線
鄂圖曼堡壘
俄羅斯作戰路線
俄羅斯堡壘
防禦工事
戰役日期
0
200公里
0
100英里
奧匈帝國
摩爾多瓦
瓦拉幾亞
比薩拉比亞
葉卡捷琳諾斯加夫
亞歷山德羅夫斯克
奧喬科夫
赫爾松
梅利托波爾
別爾江斯克
馬立波
塔甘羅格
亞速
葉斯克
敖德薩
阿克曼
皮里柯普
亞速海
克里米亞
葉夫帕多里亞
克赤
辛菲羅波爾
費奧多西亞
葉卡捷琳那達爾
新羅西斯克
雅爾達
1855年9月8日
塞瓦斯托波爾
1855年5月
1855年10月
1852年9月
1854年9月
夕利斯特拉
多瑙河
1855年1月
1853年11月
1854年克里米亞戰役盟軍基地
瓦爾納
黑海
1853年9月
蘇呼米
1853年10月
1855年10月
庫塔伊西
日本海
1855年9月
1855年9月
1853年11月8日
1855年9月
阿卡爾特西卡
1853年11月26日
保加利亞
普羅夫迪夫
1853年10月
錫諾普
1853年11月30日
巴統
1851年12月1日
君士坦丁堡
博斯普魯斯海峽
洪基爾－斯凱萊西
埃雷利
卡爾斯
斯庫塔里
馬爾
馬拉海
阿馬西亞
特拉布宗
7月31日
1855年8月13日至
11月13日
加里波里
達達尼爾海峽
布爾薩
鄂圖曼帝國
哈桑卡萊
8月6日
艾斯倫
6月31日
比斯開灣

沙皇統治的六千萬臣民中，有四千六百萬人依然是農奴，他們因爲無法擁有土地，變得貧窮，對於管理土地無動於衷；同時亦不尊重的國家士兵。一八六一年，解放農奴的法令承諾，改變了這一切。在接下來的兩到五年內，依據實際的狀態，解放農奴。這是農奴眞正想要的，不過農奴想要簡單地擁有耕種的土地，立刻就會讓大部分的地主縉紳破產。所以農奴被迫從地主的手中償債，以在未來四十九年繳交「贖回費」。

這是一種雙輸的典型妥協案例。農奴幾代人都夢想著這一天，讓聖彼得堡的「小父親」解放了他們。但是最初的熱情，很快變成了憤怒，當農奴意識到他們將不得不支付——以他們經常支付的價格無法承購——因爲他們認爲這片土地是道德、鮮血，以及汗水換來的結晶。僅在一八六一年，沙皇必須出動軍隊來平息騷亂。平均每天抗議，不止一次。地主們也不高興。許多人背負國家債務，爲了償還土地需要繳納的錢，通常只是直接繳回到政府。因爲農民常常滯納，後來政府連這筆收入都枯竭了。好像這還不夠，伴隨著解放是政府改造。新的選舉產生地方議會，意味著農村縉紳也被期望執行國家的地方工作，從徵稅到伸張正義，無一不足。

在此同時，新的階級正在興起。城市開始擴張，商人階層增加。公務人員隨著專業化，而擴大業務，取代過去由地主和農奴處理的業務，大學也是如此。從一八六〇年到一九〇〇年之間，受過專業訓練的俄羅斯人的數量，從兩萬人增加到八萬五千人。然而，這仍然是一小部分的人口，但是這是第一次形成的非農非紳的階層，開始形成自我形象鮮明的知識分子。知識分子受到西方思想塑造和俄羅斯文化的影響，構成了風起雲湧的革命運動基礎。在生活中的各層面，新的想法正在打破舊命令的藩籬。聖彼得堡帝國藝術學院的藝術家們，開始挑戰形式主義，因爲一個多世紀以來，藝術學院強加了令人窒息的保守主義中文化場景的標準。富裕的女性和聖彼得堡文學團體的成員開始在抗議活動中，鼓動更多接受教育的機會。正如一位大學校長所說：「傳統主義者，看起來比認識自我，更了解女性的侷限性」。從寫抗議信到扔炸彈，那些對現有秩序不滿意的人，感到越來越自由地表達他們進步議題的關心。

亞歷山大似乎對於他的改革反響很驚訝。他是父親尼古拉的兒子，所以他的本能反應是依靠鎮壓。嚴厲的警察鎮壓和暴力的政治抗議，形成了一種惡性循環。在一種城市浪漫主義、民粹主義者，以及俄羅斯人接受當時在西方興起的社會主義，看到了農民公社，係爲一種種烏托邦式的共產主義者的微觀狀態。當共產主義者帶著這種「走向人民」的概念，理想化的農民往往忽略這些觀念，不是將他們趕出去，或是交給警察。所以他們和其他團體轉而轉向恐怖主義，共產主義者殺死大公或將軍；此外，憲兵隊和祕密警察第三廳的鎮壓，驅使更多擁抱共產主義熱情的新人，投入革命者的懷抱。

然而，隨著時間的推移，亞歷山大似乎認知到知識分子中激進主義者和農民的不滿，是兩種不同的現象，並選擇從鎮壓中退卻。一八八一年三月十三日上午，在這一種完美的時機之下，他決定召開委員會，推動第二次包括修憲在內的更深層的改革浪潮會議。恐怖組織民意黨，曾試圖七次殺害亞歷山大，但是未能成功，終於在當天下午成功刺殺亞歷山大。

迴響

亞歷山大的兒子，同時也是繼承人亞歷山大三世（一八八一至一八九四年在位）繼位，如果不是因爲他的父親被暗殺，甚至這個心胸狹窄的人，甚至可能會採取更反動的路線。亞歷山大三世受到了前任導師康斯坦丁・波塞多諾斯圖夫等狂熱分子的影響，壓迫俄羅斯的少數民族——最著名的是迫害猶太人——並且主導了一場大規模鎮壓。如果要進入大學任教，或是執行負責的勤務，需要警政單位的證明。地政官吏形成虛擬的地方霸主。他對於現代化之後，對於農民徵稅制度更加嚴厲，以向西方國家購買俄羅斯需要的產品。正如他的財政部長伊凡・維什內格拉茨基所說的：「讓我們挨餓，但是讓我們出口」。維什內格拉茨基是千萬富翁；他所冒的挨餓風險很小，但是多達五十萬普通俄羅斯人在一八九一至一八九二年的飢荒中，確實挨餓了。

一八九四年亞歷山大去世時，他的兒子繼位。尼古拉二世（一八九四至一九一七年在位）。他是最後一位羅曼諾夫王朝的沙皇，也許是他沙皇系列中最糟糕的成員。這是俄羅斯帝國需要像是彼得大帝的意志、凱薩琳大帝的機智、迪米崔・頓斯科伊的狡猾、亞歷山大二世的改良主義，以及尼古拉一世的堅定信念的沙皇時代。然而，尼古拉二世的保守主義缺乏想像力，信念搖擺不定，在意志堅強的人們面前表現溫順，但是對於表達善意的人們見面，則不屑一顧。尼古拉二世也在繼位之後，覺得措手不及。「我會發生什麼事？整個俄羅斯會發生甚麼事？」在加冕前夕，他問他的表弟和妹夫亞歷山大・米哈伊洛維奇大公。什麼，眞的？

他是最可怕的領袖，兼具愚蠢和盡責。很快地，他就很清楚面對俄羅斯面臨的挑戰，沒有答案。諷刺的是，經濟發展擴大了挑戰。在維什內格拉茨基的繼任者謝爾蓋・維特的領導下，一八九〇年代每年經濟增長約上揚百分之五。然而，實際平均收入實際上仍然降低，因爲這仍然是廉價的現代化成果。城市不斷擴大，貧賤的貧民窟同時也是警察的虛擬禁區，同時也是新工業勞動力量最容易受到革命思想的影響地區。人民又餓又氣，簡直是等待火花點燃引爆。

火花來自俄羅斯東方的遠東。俄羅斯朝東方入侵，使其陷入滿洲和朝鮮，以及剛崛起具備侵略性的日本衝突。他相信日本不敢與歐洲強國作戰，在他的表哥德國威廉皇帝的慫恿之下，尼古拉勉強達成協議，並且當日本發動突襲時，相當震驚。一九〇四年日本在亞瑟港襲擊俄羅斯艦隊。儘管如此，他似乎相信內政部長維亞切斯拉夫・普列夫的認知：「一場美好勝利的小戰爭，將有助於國家重新統一。」但是他很快就清楚這將意味著是什麼。畢竟，日本的現代化進程很快，而且在離國門較近的地方打仗。在陸地和海洋上，日本人向前推進，俄羅斯人迫切需要強化太平洋艦隊，以至於勉強派出遙遠的波羅的海艦隊。航行非常艱困。他們誤認爲赫爾鯡魚漁船隊爲日本魚雷艇而開火。這好像還不夠讓人印象深刻，他們設法擊沉了一艘漁船，但是一艘俄羅斯巡洋艦在駁火中受損。這還差一點和英國宣戰，七個月內經過三萬三千公里的航行之後，一九〇五年波羅的海艦隊在對馬海峽戰役中慘敗，結束了戰爭。

也許一場勝利會對統治有所幫助，但是一場代價高昂，而且令人羞辱的失敗，無疑會進一步打擊現有的制度。沙皇作爲上帝揀選的代表，以及臣民的「小父親」無疑仍有一定的合法性。但是這不會拖很久。一九〇五年一月，超過十五萬人參加聖彼得堡冬宮遊行，向沙皇遞交一份忠誠的請願書。他們是和平的，唱著讚美詩，並且拿著聖像。當時沙皇甚至不在場，但有人驚慌失措，開始朝人群射擊，帝國衛隊朝向人群駁火。當槍煙升起之時，數百位抗議者和旁觀者遭到槍殺。可以說，沙皇在歷史中背離了子民。這是一九〇五年布爾什維克領導人列寧後來點燃國家所觸發的革命火花。一九一七年的暴動稱爲「大型彩排」，是爲了最終掃除沙皇制度。

延伸閱讀

多米尼克・李文的《權威的俄羅斯反對拿破崙》（二〇〇九年企鵝出版）是一部重要的、詳細，以及具有價值的歷史紀錄，可媲美里昂・托爾斯泰的史詩《戰爭與和平》（有很多版本；我推薦安東尼・布里茲的翻譯；二〇〇五年企鵝出版）。布魯斯・林肯撰寫的尼古拉一世，抒情華麗。是寫得最好的一本傳記（一九八九年北伊利諾伊大學出版）。《戰爭中的暗影》（一九八三年牛津大學出版），闡述世紀之交俄羅斯的寫照，令人回味。羅伯特・社維斯寫的《最後的沙皇：尼古拉斯二世和俄羅斯革命》（二〇一七年麥克米倫出版）是一本審慎描述這個有缺陷的男人的傳記。德庫斯廷侯爵寫的《沙皇帝國》（一九八九年雙日出版），到現在依然是非常適合閱讀的讀物。

第七章

生活越來越好，同志們！生活越來越光明

時間軸

1905年	1905年革命。
1914-1918年	第一次世界大戰。
	十月革命。
1917年	二月革命和沙皇制度的終結。
1918-1922年	俄國內戰。
1924年	列寧逝世。
1941-1945年	偉大的衛國戰爭。
1953年	史達林逝世。
1956年	匈牙利抗暴被鎮壓。
1968年	布拉格之春遭到粉碎。
1979-1989年	蘇聯阿富汗戰爭。
1985年	戈巴契夫成為總書記。
1991年	蘇聯解體。

列寧—史達林陵墓，1957年。

列寧反對自己身後被當作聖人，但是狂熱的世俗革命政權，將死後的列寧遺骸製成木乃伊。這該從何說起呢？列寧這位殘暴獨裁者，如何對待從國家四方來朝聖，以虔誠的心情加入他的革命行列同志和盟友呢？他殺害了大多數的同志和盟友。那是共產黨宣揚國際主義，建立在沙皇帝國的基礎之上，並且以同樣的熱情，擴展其邊界？蘇聯人儘管自稱對於馬克思主義的承諾——列寧主義的平等主義，最終還是造就了近乎世襲的黨證貴族階級，就像是貴族階級一樣貪婪和自私？然後產生了同樣的困境——現代化與穩定化，是否將自己認為是歐洲人還是其他的民族——以繼續塑造俄羅斯的二十世紀？也許是設計了一幅新的紅旗（一九二二年採用），並且謀殺了最後一位沙皇及其家人（一九一八年的行刑小隊射殺），並沒有完全建立一個全新的國家。

一九〇五年

一九〇五年的革命，在意義上並不是眞正想要努力推翻政府的一種革命。相反，這是一波罷工、騷亂、抗議，由挫折和憤怒組合產生的暴動。這一場革命，並不是對於代表沙皇制度，以及生存現狀的威脅，但似乎當時皇室四面楚歌，菁英驚慌失措。一場可能涉及兩百萬工人的總罷工，導致尼古拉二世勉強發表宣言，承諾憲法、新的言論和宗教自由，以及產生民選議會。儘管革命者拒絕任何妥協，但更溫和的立憲民主黨人，認爲這是朝向正確方向邁出的第一步。

等到這部新憲法——基本法——於一九〇六年推出之後，很明顯的國家政權感到更自信。沙皇保留獨裁權力，相較於沙皇任命一半人選的國會上議院；國會下議院屬於一個偏向中產階級和上流階級的特許團體。立憲民主黨贏了最多的席位，並且爲了更徹底的憲法變革，而變得更爲激烈，於是政府解散了國會下議院。一九〇七年的第二屆國會下議院見證了更多極端政黨贏得席位的勝利，包括城市社會民主黨和農村社會革命黨人（都是馬克思主義者）。所以政府也解散了第二屆國會，並且更嚴格地限制投票給有產階級。第三屆國會則相當的忠誠。

隨著抗議浪潮退去，尤其是跟隨殘酷的零碎鎮壓運動，沙皇希望回歸「常態」。然而，強悍的新任首相彼得·斯托雷平有其他想法。斯托雷平不是自由主義者——他以「斯托雷平領帶」重新定義絞刑，處以絞刑架絞殺人犯的判決——但是斯托雷平精明意識到，如果採取了新的選區系統，需要恢復社會的基礎，雖然農民解放了，但是仍然因爲持有低效率的公有土地，而越發貧困。他的願景是「對強者下賭注」，解散公社，以便能幹的農民更有能力成爲新的富農階層。因爲富裕的小地主，是德國保守主義的堡壘。

「給我二十年的和平，你不會了解俄羅斯」，他承諾。但俄羅斯沒有二十多年的和平。農民抗拒結束公社，貴族懷疑任何改變，尼古拉越來越不滿。斯托雷平在一九一一年被暗殺，所有可能改革的機會都胎死腹中。這是針對沙皇可以預見的一種陰謀。革命領袖列寧提到最準確的墓誌銘：「斯托雷平失敗政策的最後一種原因，是沙皇制度的失敗，這也是沙皇統治的最後一條路。」

在此同時，革命者正在集結。社會民主黨在一九〇六年分裂，分裂成列寧的布爾什維克派——所謂的「多數派」，儘管他們實際上是較小的派別——還有孟什維克派。孟什維克派緩慢地看到了革命的最佳機會，以建立群眾支持的基礎。相反的，列寧形容小而紀律嚴明的職業革命領袖，可以在適當的時候奪權。他們只是需要一個機會，而第一次世界大戰提供了革命的機會。

戰爭與革命

卡爾．馬克思寫道：「戰爭考驗一個國家。暴露在大氣中，會使所有木乃伊瞬間解體，所以通過戰爭的最高審判，解構了那些已經失去生命力的社會系統」。這一點，至少他是對的。第一次世界大戰終於結束了，迫在眉睫的災難結束了殭屍政權。到了一九一四年，歐洲已經消失原有的權力平衡。奧匈帝國、俄羅斯，以及鄂圖曼帝國衰落，崛起的德國在陽光下尋求自身的位置，英國、法國，以及其他國家之間的殖民競爭，變得越來越尖銳。這只是時間問題，而且當波斯尼亞塞爾維亞人加夫里洛．普林西普在陽光明媚的塞拉耶佛的星期天早晨，行刺奧地利大公弗朗茨．費迪南。骨牌開始倒下。奧地利人與德國人對抗塞爾維亞人。俄羅斯很為難，別無選擇，但是支持東正教塞爾維亞人。俄羅斯緩慢但龐大不願意冒險，開始動員。德國感到別無選擇，只能先發制人，逮住機會，縮小規模先砍掉一個挑戰者，法國和後來的英國認爲也無從選擇，加入了俄羅斯陣營。

開戰之後，見證了愛國群眾以歡樂心情，迎接無關痛癢戰爭餘緒的怪異奇景。很快，群眾很明顯了解這是第一次眞正的工業化的現代戰爭，構成了俄羅斯無法通過的考驗。一九一七年十月，俄羅斯動員了一千五百五十萬人——超過一百八十萬軍人死亡（另有一百五十萬平民死亡）、三百五十萬軍人受傷，以及多達兩百萬軍人遭到逮捕。在巔峰時期，俄羅斯每月有十五萬軍人傷亡，通常是因爲士兵沒有靴子穿，甚至沒有配戴步槍，就被送上戰場，對付機關槍和速射火砲。爲了要餵養戰爭這個貪得無厭的絞肉機，政府訴諸逼迫能壓榨的任何人。在此同時，一九一四年至一九一七年之間，經濟幾近崩潰，價格上漲了百分之四百。雖然工資保持不變，但是人民正在挨餓。

尼古拉自命爲總司令，展現了專橫、認眞，以及愚蠢的個人特質。第一，他期待速戰速決，以爲政治回報。這反而成爲了失敗和困難的化身。他心愛的妻子亞歷山德拉德國出生的，他爲了迎合放蕩的妖僧和江湖騙子格里戈里・拉斯普丁（直到拉斯普丁一九一六年被謀殺）成爲駭人聽聞和危險謠言的基礎。很明顯的俄羅斯輸掉了戰爭。一九一七年二月，事情發生了。聖彼得堡是戰時首都，在戰爭初期因爲聽起來太德國化了，命名爲彼得格勒。示威者上街搶麵包形成暴亂，精銳的近衛軍也發生了兵變。

在彼得格勒，宣布成立了兩個政府。立憲派的民主黨人宣布杜馬臨時政府，致力於建立憲法秩序。在此同時，彼得格勒蘇維埃在工人和士兵的支持下，由革命者成立。蘇維埃這個詞是理事會，由孟什維克主導。在此同時，尼古拉遭到自己任命的將軍和顧問誘使退位。他試圖將權力交給他的弟弟米哈伊爾大公，但他認出有毒的聖杯。突然之間，沒有沙皇了；同時也沒有神權的代表。

隨著消息的傳播，舊秩序崩潰了。在此同時，杜馬臨時政府和彼得格勒蘇維埃陷入了競爭。這個時期通常被稱爲「雙重權力」，但在實踐之中毫無力量。立憲派民主黨人擁有徒具虛表的政府，但蘇維埃可以撤銷他們的命令，以及他們不情願地承認戰敗，失去了大多數人民的支持。蘇聯有康莊大道，但是過於分散，資本也過於有限。實際上，政治和自然一樣，當權力眞空的時候，權力憎惡眞空。有人要塡補眞空，無情務實的列寧，意識到這一刻。

那年春天，德國人——將他視爲敵後破壞的潛在來源——允許他安全進入俄羅斯，建立布爾什維克的權力基礎。一九一七年十一月七日（舊俄歷十月二十五日），他們罷工。然而，這後來被浪漫化爲人氣高漲，街頭揮舞紅旗的暴徒的一場武裝政變。布爾什維克紅衛兵攻占冬宮，主要衛戍軍和臨時政府團隊冰消瓦解。其他主要城市也在鬧革命。列寧為俄羅斯人民提供了「和平、麵包和土地」，如果許多人不確定列寧能不能兌現，至少無法阻止他嘗試。奪權事實上證明很容易，但是堅持會證明很難——布爾什維克做出妥協，這樣做將塑造蘇聯的未來的政權。

列寧對列寧

在許多方面，列寧不是一位，而是兩位。列寧於出生一八七〇年，十七歲起，弗拉基米爾·伊里奇·烏里揚諾夫因為在哥哥密謀暗殺沙皇之後的政治革命，而遭到處決，開始逃亡。無情、精力充沛，以及充滿爭議的列寧，他一輩子大多數時間都在西伯利亞逃亡，以及過著流亡國外的生活。列寧是意識形態型的狂熱信徒，如同他建立的布爾什維克黨一樣，他的夢想是建立沒有壓迫、苦難、剝削，以及匱乏的世界。列寧也是一位無情的實用主義者，他覺得如果發現可以讓事業推動，任何手段都是合理的，無論多麼血腥。

一九一七年列寧這位實用主義者奪取了政權。別介意，俄羅斯似乎還沒有準備好社會主義，也缺乏龐大、熟稔政治的工人階級。沒關係，在馬克思的《路易·波拿巴的霧月十八日》中，曾警告說，試圖強迫一個尚未做好準備的國家實施社會主義，將會適得其反，將導致一個本質保守，但充滿革命活力的政權（史達林證明了他是對的）。別管這一切了，列寧看到了一種機會，努力以意識形態證明其合理性，並且帶來麻煩。畢竟，世界革命當然只是指日可待，一切都會好起來的？

但是，沒那麼多。布爾什維克首先試圖履行和平承諾，簽署災難性的布列斯特—立陶夫斯克和約，協議割讓西部和南部的領土——包括富饒的烏克蘭農田。不過，這也鬆開來自前線軍隊的束縛，而許多部隊隨著士兵的離開解編，一群心懷不滿的將軍（所謂的白軍）試圖推翻這個篡位的政權。在此同時，新制憲會議的選舉，見證了支持社會主義革命者，而不是布爾什維克，贏得了多數。列寧奪取政權輸給農村的對手。一九一八年一月，赤衛隊解散了新制憲會議，布爾什維克主導的蘇維埃代表大會，成為新政府所在地。

更重要的是，麵包在哪裡？城市市民餓死了，沒有錢買糧食。面對來自白軍的軍事威脅（受到英國、美國、法國的協助，甚至來自日本的干預），來自非俄羅斯領土的民族主義起義，其他社會主義革命黨的競爭挑戰，以及迫在眉睫的國家經濟崩潰，實用主義者列寧轉向了一項稱為戰時共產主義的政策——儘管可以說，這是關於戰爭，而不是關於共產主義。蘇維埃的民主結構，開始繞過行政命令。穀物在赤衛兵的刺刀下進行徵用，農民如果反抗，一律槍殺。新的祕密警察部隊成立，成為布爾什維克統治的核心要素。

一九一八年至一九二二年間，惡性內戰讓國家遭到了破壞，烏克蘭和高加索地區重新被征服，布爾什維克贏得代價高昂的勝利。多達一千兩百萬人死亡，大都來自於飢荒和疾病。任何列寧是唯心主義者的痕跡，都被共產黨燒掉了（布爾什維克黨於一九一八年的命名），贏得了比眾多敵人更無情、更有紀律、更團結的名聲。共產黨實際上必須成爲新的國家官僚機構，並急遽擴大。主要是通過招募舊政權的機會主義者，以及政治文盲工人。黨的整體文化，變成了偏執和野蠻的戰鬥文化。

內戰之後，正式命名爲蘇維埃社會主義共和國聯邦（簡稱蘇聯），但是持續鬥爭。爲了重建經濟，一九二一年列寧制定了新經濟政策，開放基層經濟活動。儘管有中斷的危機，但是證明相當的成功，而蘇聯也經歷了文化、社會，以及藝術實驗的激進熱情。這是未來主義作家的時代，例如弗拉基米爾·馬雅可夫斯基，前衛藝術家如卡齊米爾·馬列維奇，還有一九一八和社會措施，例如《婚姻、家庭和監護法典》，明確承認婦女是平等的夥伴（無論是否選擇是否冠上夫姓），並可以提出離婚免責條件。儘管如此，人民還相信令人興奮的新改變是可能的。

然而，在一九二二年，列寧在歷經多次風波之後罹患中風，並且脫離了政治舞臺。他死於一九二四年，在死前開始表現出對他所建立擁有官僚警察的國家嚴重擔憂。尤其是唯心主義者列寧擔心約西夫·朱加什維利，也就是史達林的崛起。在他留給布爾什維克領導層的遺囑中明確的建議：「我建議同志們想辦法把史達林趕下臺」。他們爲了避免黨內部分裂，不願聽他的話，甚至可能認為眾所周知的史達林只是一位乏味的工作狂——他是黨的總書記，後來的工作將意味著他是黨的領導人，但當時只是總管，也許可能只是這一種威脅。他們錯了。

史達林迅速展示了他的政治才能，用以在撰寫對於列寧的悼詞上（彼得格勒為了他更名為列寧格勒），以掩蓋遺囑的囑託。史達林怎麼說，都比他的對手更勝一籌。史達林和多數受過良好教育的世界主義者一樣，代表著正在興起的「內戰世代」的黨員幹部，務實、利己，並且經常採用從民族主義到種族主義的觀點。到了一九二〇年代後期，他處於統治地位。很明顯的，史達林計畫以真正根本性的方式改變國家，不惜一切代價。

恐怖

畢竟，古老的俄羅斯困境，是如何在保持國家權力的同時，還可以實現現代化。通常，這是自上而下嘗試過的，無論彼得大帝聘請外國造船商；凱薩琳大帝涉獵西方哲學；或是尼古拉轉向波羅的海的貴族。沙皇嘗試更根本的以系統為基礎的重組，例如亞歷山大二世採取解放；或是斯托雷平「對於強者的賭注」，很快就遇到了根深蒂固菁英的抵抗。然而，史達林繼承了一個仍然是綠色菁英的新的國家。在一個世紀中，電話、鐵路、鐵絲網，以及機關槍，為獨裁者創造全新的機會。他也願意在沒有前人考慮的範圍之內，進行冷酷無情的夢想思考。

一九二八年，他發表了《一國社會主義論》，該計畫宗旨是將國家現代化。其目的是擴大國家工業型態，並在此過程中鞏固他的統治。到底如何負擔得起的雙重挑戰——建廠經費來自何處，如何引進西方技術？——以及如何將其強加於這座鐵板一塊的國家，他只有一個答案：恐怖。農村集體化了。實際上，土地也國有化了，農民變成了國家的僱工。農民反抗遭到殘暴鎮壓。烏克蘭在一九三二至一九三三年的一場恐怖飢荒，導致超過三百萬死亡，到了一九三一年，至少有一百萬農民被送往古拉格勞改營，一千兩百萬人被驅逐到西伯利亞。

集體化的宗旨在帶來農業的規模經濟以及嶄新技術，但是國家控制超過原有農村可承受範圍。前沙皇大臣維什內格拉茨基曾說過：「讓我們挨餓，但讓我們出口」；但眞正應用這一點的是史達林，無論在國內付出多少人力，也要向西方國家出口糧食，以換取金錢和技術。雖然是以一種笨拙和殘酷的方式，但是這也產生了工業化。恐怖統治也有助於激勵勞動力：實際工資暴跌，但害怕被譴責爲「害群之馬」，爲「超額完成計畫」者提供獎金的承諾，以協助他人繼續工作。此外，到了一九三九年古拉格勞改營網絡，關押過一百六十萬囚犯；一開始是埋葬的地方，可能已經開始埋葬政治異議人士，後來還成爲奴隸勞動的來源，從挖掘運河到砍樹，不一而足。

在此同時，史達林將恐怖轉向共產黨本身，第一次上演競爭對手的審判——指責他們的罪名，從間諜包含到破壞者——然後系統化清除可以挑戰他的所有人。到了一九三七年，狂潮般的酷刑、大規模逮捕，以及行刑隊槍決的達到高峰。共產黨菁英遭到打擊：一九三四年當選爲黨代會的代表，到了一九三九年清除了四分之三。即使是軍中高階也遭到淘汰。僅在一九三七年，百分之九十紅軍將領，遭到清除，這包括紅軍五位元帥中的三位元帥，遭到清除。藝術、文化、教育和意識形態，都轉向歌頌國家和史達林的榮耀；一九三〇年馬雅可夫斯基自殺了。同年，馬列維奇遭到祕密警察逮捕，早期的布爾什維主義激進的社會實驗倒退。在更近一步的推動之下，鼓勵大型而穩定的家庭生活，並讓女性參與其中（我們需要戰士，他們建立這種生活。我們需要人民）。

史達林是如何逃脫懲罰的？他明白了內部層面的權力，並且牢牢控制政治警察，在許多方面，他都是國家的眞正核心。在他的雄心壯志，以及恐怖的結果，也超過了大多數人民的理解，直到爲時已晚。他還提供了一種無情的、殘酷的社會流動性，讓那些願意玩這場遊戲的人，可能希望快速晉升。史達林在偏執追捕間諜和破壞者的過程中，造成了自己的歇斯底里。他維持著強大的宣傳工具，形成「好沙皇」神話的文化根源。他站在人民一邊，但是人民只是被他的自私所誤導的顧問。「同志們，生活越來越好；」他告訴他的信眾：「生活變得越來越光明」——許多人如此迫切地想要相信。然而，拐角處等待的玩意，絕對不是勇敢的社會主義未來，而是世界末日般的第二次世界大戰。

偉大的衛國戰爭

一九三一年，史達林曾說過：「我們落後於先進國家五十年到一百年。我們必須在十年間減少落後的距離。我們不這樣做，先進國家就會來輾碎我們」。十年之後，蘇聯為自己的生活而奮鬥。

在內戰時期，蘇聯曾被視為被排斥的國家。隨著法西斯主義在歐洲興起，史達林最初希望聯合英國和法國來達成共同的事業，然後卻陰錯陽差地和希特勒領導的德國打交道。導致一九三九年他們聯合瓜分波蘭。他不會天真相信與納粹的戰爭不會發生。他知道希特勒非常清楚地將蘇聯視為未來的生存空間，為新一代雅利安主義殖民者的生活空間，利用斯拉夫奴隸勞動，種植莊稼，並且提取需要的資源。相反的，史達林曾經希望延後對於德國宣戰，以盡可能爭取時間準備。

一九四一年六月，希特勒發起巴巴羅薩計畫行動，入侵蘇聯，以為一種毀滅性的戰略閃電戰進行突擊。史達林的間諜、外交官和將軍們都告訴他接下來會發生什麼，但是他確信他了解希特勒的策略，並且預言第二年才會發生戰爭。因此，紅軍完全沒有準備，到了七月中旬，德國占領莫斯科的三分之二路徑領土，蘇聯空軍大部分被摧毀，經過防腐處理的列寧屍體被祕密送往一處安全的地方，東邊兩千五百公里的圖們。史達林本人似乎緊張到崩潰，在戰爭的前兩週，幾乎沒有任何來自於莫斯科的中央指示。

但後來他恢復過來，全力以赴生存下來。接下來透過四年驚人的國家努力，入侵逐漸緩和，然後停頓，最後形勢逆轉，看到紅軍反攻。軍隊攻進柏林，蘇聯統治強加於歐洲的中部。史達林粗暴、殘酷的工業化政策，建立了戰爭經濟，工廠搬遷遠離前線，生產大量的槍支、飛機，以及坦克。史達林也是務實的：以前當作爲叛徒的古拉格監禁的人民，被迅速徵召武裝，曾受激進的世俗主義影響關閉的教堂重新開放，以爭取東正教徒加入鬥爭。蘇聯人民也將再次展示保衛祖國的非凡意志（儘管老實說我們注意到這是以對於無情國家的恐懼爲後盾）。更多人死於列寧格勒的圍城戰，遠勝過英軍和美國在二次世界大戰中的傷亡人數。

難怪俄羅斯人仍然稱這一場戰役爲大衛國戰爭，不能低估其重要性。超過兩千萬人在戰爭中喪生，每個人都受到苦難。然而到了最後，被排斥國家成爲超級大國，史達林與英國首相溫斯頓・邱吉爾和美國總統富蘭克林・羅斯福在一九四五年的雅爾達會議中坐下來，商討戰後世界瓜分拉脫維亞、立陶宛，以及愛沙尼亞，直接併入蘇聯，以及東德、波蘭、捷克斯洛伐克、匈牙利、保加利亞，以及羅馬尼亞成爲蘇聯的附庸。這似乎證實了可怕的史達林強調工業化的必要性。因爲其合法性，共產黨將能夠以共同的戰爭經驗爲分享的基礎。

史達林在位至一九五三年去世，無情地鞏固了中歐傀儡政權，以及蘇聯國家的重建。然而，在一九四五年的勝利之後，史達林主義變得越來越清晰。他的經濟模型越來越不適應戰後時代的新技術。古拉格集中營的價值正在下降，尤其是普遍伴隨著內部的暴動變得更普遍。雄心勃勃的菁英擁有自己規劃的想法。很多跡象表明史達林已經決定進行新的清洗，以將其削減影響。他後來被人發現腦溢血倒臥，如果當時進行即時醫療護理，一定可以存活下來，但是因爲他是出了名的偏執狂，以至於警衛檢查發現時，爲時已晚：任誰都說，這是命運的反諷。

漫長的告別

史達林的繼任者，都會以他們自己的方式面對熟悉的現代化挑戰。在一九五〇年代到一九六〇年代，蘇聯似乎正在崛起，以至於當史達林的繼任者尼基塔．赫魯雪夫告訴西方：「我們會埋葬你」——這不完全是聽起來很威脅，但意味著蘇聯人方興未艾——許多西方人擔心未來確實屬於他們。不過事後看來，眞實的故事，是想像力和個人意願的失敗。

赫魯雪夫以開放古拉格而聞名，他譴責史達林主義最嚴重的過激行爲，並且他在一九五六年以祕密談話，譴責舊領導者的「消極特徵」。在某種程度上這很天才，但是赫魯雪夫曾經是史達林的得力助手之一，他試圖與自己過去的共黨恐怖統治保持距離（雖然史達林在去世之後，遺體經過適當的防腐處理，並搬入列寧的陵墓，但於一九六一年遷移）。赫魯雪夫在一九五六年在匈牙利殘酷鎮壓反蘇暴動時，他當然毫不猶豫。但是，黨內菁英開始將他視爲一種危險：他的邊緣政策，在一九六二年古巴導彈危機期間，幾乎導致了一場核子戰爭。他不當的經濟政策，導致普遍存在的食物短缺。

赫魯雪夫是史達林主義者時代的系統下產物。他試圖以獨裁者的身分統治，卻沒有意識到權力已經轉移到更廣泛的黨內菁英——新秩序下的新貴。一九六四年，在不流血的政變情況下，赫魯雪夫被趕下臺。繼任者列昂尼德·布里茲涅夫適應了這些新的政治現實。他不是——老闆——而是更多的蘇聯公司董事會主席。他的角色是經紀人，協調主要利益集團之間的共識，並針對系統進行更有效的技術官僚管理。因此，他作爲一九六四年至一九八二年漫長時間的總書記，似乎非常成功。菁英獲得穩定和繁榮，尤其是增加了貪污和腐敗的機會。普通蘇聯公民的生活品質提升，他們對於政治的沉默，換得更寬鬆的紀律和新的消費品：一九六四年至一九七五年間，平均工資成長了近三分之二。就連針對西方國家，採取了不那麼對抗的立場，一個新的緩和與共存時代來臨。

到目前爲止，一切都很好，但是布里茲涅夫的命令，將成爲垮臺的原因，尤其是因爲所有這些物資，都依賴於充足的資金在大家下班之後購買。到了一九七〇年代中期，隱藏在盧布雪崩之中的問題，開始浮現。大型經濟企業，例如開闢新型的農業區域，兌現承諾未能實現。新的全球工業革命開始，蘇聯是落後的。政治腐敗和黑市交易，蠶食官方經濟的心臟。和西方的昂貴的大型軍備競賽已經開始。這是一場緩慢燃燒而非迫在眉睫的危機，但是需要緊急果斷的行動來處理，但這恰好是年老謹慎的布里茲涅夫無法處理的。他缺乏領袖氣質，同時缺乏政治權威或思想。相反的，他成爲蘇聯國家的倖存下來的一種隱喻，能力越差；健康越差；也越來越老。

到了一九八二年布里茲涅夫去世時，這是不可能忽視的危機。蘇聯陷入在阿富汗惡性衝突的困境。越來越多的年輕軍人的屍體用鋅皮棺材運回家，但是官方媒體還在聲稱沒有戰爭。波蘭受到民族主義抗議的影響，還有其他衛星國家也出現了不安的跡象。經濟停滯不前，糧食供應採用每日配給制度，民眾與其說是想要謀逆，不如說是冷漠沮喪：「他們假裝付錢給我們」，常見的老調是，「我們假裝在工作。」後來，史達林式工業化與技術官僚管理的崩潰，將農民爲主體的俄國，變成了蘇維埃式的國家，包含城市和鐵路、工程師和醫生，以及讀者和作家：一九一七年，只有百分之十七人口居住在城市，但這一比例在一九八九年提高爲百分之六十七。識字率從百分之三十上升，接近百分之百。但是這樣的代價是當你的報紙充滿了多少謊言時，你的進步性的領導人在享受特權的同時，闊談平等主義。這樣的生活，是你做夢也想不到的享受，而你必須排隊買一條麵包？

新任總書記，是一位尖刻的苦行者。蘇聯國家安全委員會前政治局局長尤里・安德羅波夫，

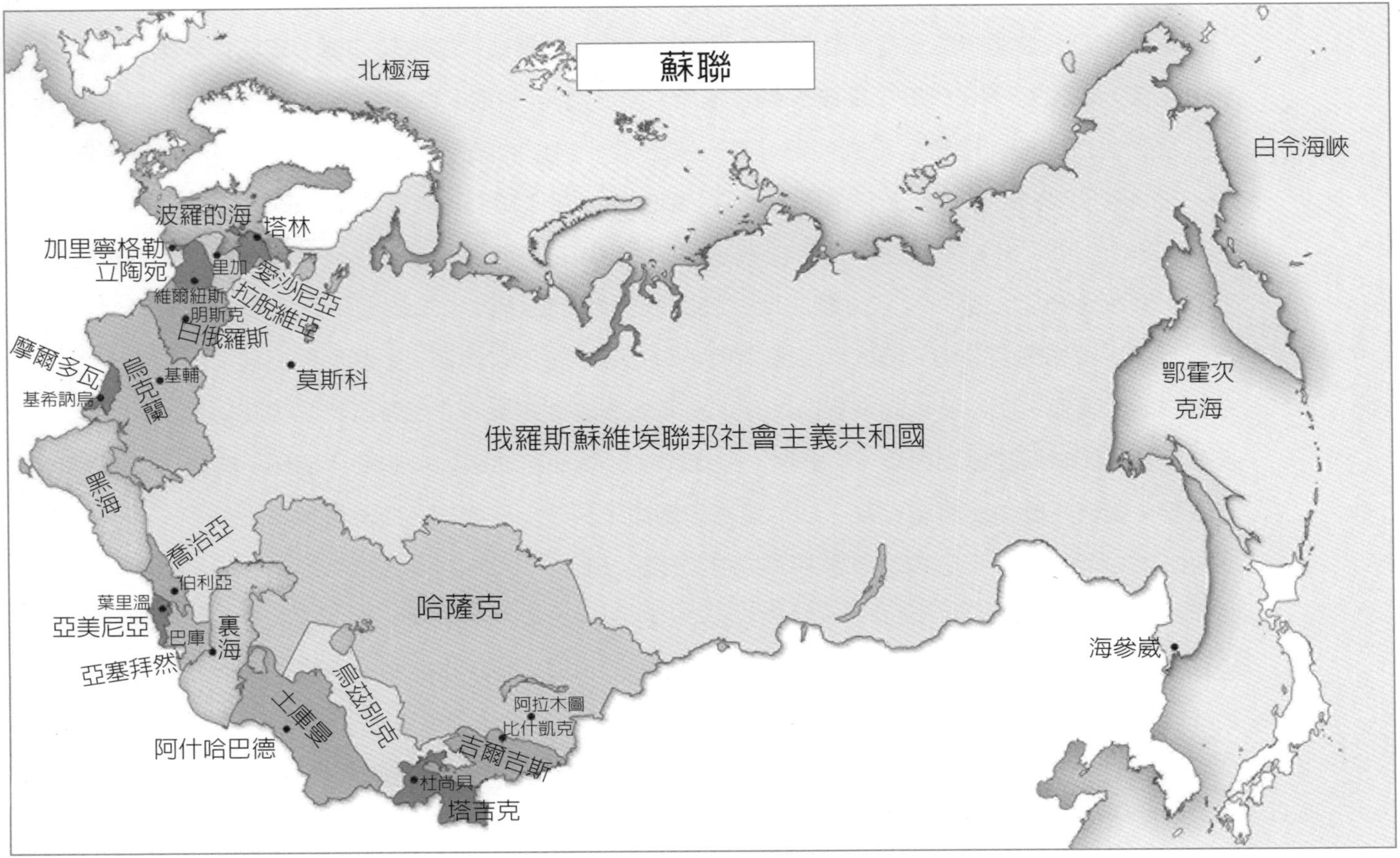
蘇聯
北極海
白令海峽
鄂霍次克海
俄羅斯蘇維埃聯邦社會主義共和國
海參崴
哈薩克
阿拉木圖
比什凱克
吉爾吉斯
杜尚貝
塔吉克
烏茲別克
土庫曼
阿什哈巴德
裏海
巴庫
亞塞拜然
亞美尼亞
葉里溫
伯利亞
喬治亞
黑海
莫斯科
波羅的海
塔林
愛沙尼亞
拉脫維亞
里加
加里寧格勒
立陶宛
維爾紐斯
明斯克
白俄羅斯
摩爾多瓦
基希訥烏
基輔
烏克蘭

是少數幾個基本上沒有受到腐敗和野心影響的人。他下定決心要帶來改變，但不幸的是：在上任三個月之後，他患上了腎衰竭。他只做了一年，但是他的最大成就正是栽培一位年輕改革派的黨員米哈伊爾・戈巴契夫。一九八四年安德羅波夫去世，戈巴契夫還沒有準備好。

所以他老練地支持資深黨務幹部康斯坦丁・契爾年科。畢竟，契爾年科病得很重，可能很快過世。他在一九八五年義無反顧地做到了，讓戈巴契夫出任總書記。他的野心是拯救蘇聯體系。但是，他是摧毀了這個體系。

改過自新

戈巴契夫是最後一批眞正的信徒之一。他看到這個國家，經濟不景氣、黨幹部腐敗、工人士氣低落、在全球的地位衰退，以及陳舊的馬克思列寧主義的意識形態，堅信蘇聯可以改造、拯救。甚至儘管他沒有多少政治資源，並且在執政的政治局或內閣中占薄弱的多數。這是一種不尋常的政治天眞，可以說服自己；這是他政治幼稚的跡象，可以造成他的計畫相繼失敗。

他開始認爲問題本質上是黨內菁英中少數幾個爛蘋果，需要嚴厲打擊效率低落和缺乏勞動紀律。他很快就搞清楚，需要繼續推動系統化，到了一九八六年，他正在談論需要以基礎心理層面，進行改革重組。這意味經濟現代化，但是還需要政治改革。政治改革的核心是開放性，但實際上擁有更多言論自由。他鼓勵誠實對國家的問題，進行現實的評估，嘗試向個人傳遞非常必要的訊息。他考慮到幾十年來人們一直灌輸欣慰的宣傳。一九八六年之後，車諾比爾核災難，烏克蘭一座核電廠陷入崩潰，甚至戈巴契夫重操舊蘇聯的本能，起初試圖掩蓋眞相，他意識到這必須來自下層和上層的共同努力來解決問題。

然而，戈巴契夫發現阻力，並且失去控制。黨部高幹們對於改革嘗試怨聲載道。少數民族開始採取新的自由方式，鼓動爭取自由。開放政策產生了自己的動力，所有黨的祕密，例如政黨「官員花名冊」的腐敗，到史達林的罪行，如同血腥的骷髏陸續被發掘。然而，他沒有退縮了，變得更加激進，一九八九年為國家建立了新的憲法基礎，當選總統。為什麼共產黨總書記也需要當總統？因為戈巴契夫意識到，共產黨實際上是改革的最大障礙，他需要獨立的權力基礎，迫使共產黨改變。

但是，這是徒勞無功的。強硬派簡直變得更加的根深蒂固，隨著經濟惡化，新的政治力量利用民主化方式開始出現。烏克蘭的民族主義者和波羅的海的國家開始動員宣布獨立，亞美尼亞和亞塞拜然開始重啓疆界糾紛。最危險的是，戈巴契夫最先提拔的共黨幹部，後來遭到開除的鮑里斯．葉爾辛適時崛起，當選為俄羅斯聯邦最高蘇維埃主席。一九九〇至一九九一年的冬天是艱難的一年，大規模礦工罷工，戈巴契夫搖擺不定，考慮與強硬派結盟，以試圖恢復秩序。然而，他拒絕屈服於這種誘惑，並再次出現比以往任何時候都更加激進的改革。他開始與蘇聯加盟共和國選舉產生的總統，進行談判，同意修改條約建立新聯邦。從名副其實的莫斯科帝國，轉型為眞正的自願會員國組成的聯邦。

這對強硬派來說，實在是太過分了，所以在一九九一年八月發動政變，將戈巴契夫禁錮在克里米亞的豪宅，並且宣布國家緊急狀態委員會接管。他們曾預料膽怯而溫順的蘇聯民眾，只會乖乖接受命令。他們錯了。人民開始在莫斯科和全國各地，走上街頭抗議。國家緊急狀態委員會如果像是過去俄羅斯的篡位者一樣無情，他們可能仍然贏得勝利，但是在關鍵時刻，不敢大膽使用武力，等到數百名抗議者變成了數千名抗議者，還有葉爾辛——策劃者甚至沒有想到逮捕他——最後成為了勝利者。

僅僅三天，政變就失敗了，戈巴契夫回到莫斯科，但是權力已經轉移。葉爾辛勉強贊同新聯盟條約的想法，主要是因為強硬派會採取接管的風險。然而，強硬派嘗試過，但是失敗了。葉爾辛現在可以放任他對戈巴契夫的仇隙了。他取締共產黨，並且拒絕簽署聯盟條約。波羅的海國家宣布獨立；烏克蘭人要求主權。蘇聯時期末代總統戈巴契夫認清現實之後，於一九九一年十二月三十一日午夜宣布辭職，蘇聯解體。

蘇聯思想的終結

第一次世界大戰粉碎了舊政權，由於舊政權失去進化的能力，人們可以爭辯說舊政權已經死了，只是還不知道而已。一九一七年奪取政權的革命者列寧冷酷無情，懷抱著理想主義，但是沒有眞正的未來藍圖。一九一八年到一九二二年發生內戰，在絕望的鬥爭之下，共產黨占領了這個國家，但是輸了他們的靈魂，理想主義者在某種程度上，讓位給了機會主義者，這有助於確保史達林上臺。他的「一國社會主義」不僅表達自己渴望權力，但是他保有對於蘇聯弱點的敏銳意識。他以社會主義建設的名義，開展了一場殘酷的現代化運動，展開了新的國家神話。衛國戰爭的勝利，代表了長期存在的俄羅斯彌賽亞主義的神化，也就是國家存在著特別、獨特，以及關於這國家偉大命運的感覺。一八一二年，也就是在十九世紀中葉的革命期間，俄羅斯聲稱成爲歐洲的捍衛者，而不是近親，並且現在他們有了證據。諷刺的是，歐洲的救世主領有半個大陸，占領者對其他國家產生威脅，而且鐵幕不僅將俄羅斯與歐洲隔離開來，這使俄羅斯比以往任何時期，變得更加異化。

在蘇聯晚期，正如同歷史所說，共產黨的存在變得更加艱難。更難以相信的是，因爲腐敗吞噬了國家，國內經濟基礎發展越來越慢，克里姆林宮被迫越來越依賴宣傳和謊言。但無論是黨員還是群眾，眞正接受了那些兜售的紅旗幻想。相反的，每個人都在尋找自己是歐洲的一部分。普通市民在黑暗的房間，偷聽英國國家廣播公司的節目；並且交換黑市中甲殼蟲樂隊的錄音磁帶，菁英購買蘇格蘭威士忌，以及派對專用的特殊商店進口的牛仔褲。就像沙皇制度一樣，蘇聯的想法結束了。但蘇聯人民自己，卻有截然不同的夢想。不過，隨著蘇聯解體，他們是否最終能夠意識到自己？

延伸閱讀

羅伯特．社威斯的《企鵝版俄羅斯現代史：從沙皇制度到二十一世紀》是一部當代優秀的蘇聯通史（二〇一五年企鵝出版）。作者寫得最好的主要領導人傳記包含社威斯寫的《列寧》（二〇〇〇年麥克米倫出版），西蒙．塞巴格．蒙蒂菲奧里寫的《史達林：紅色沙皇的法庭》（二〇〇四年克諾夫出版），以及威廉陶布曼寫的《戈巴契夫：他的生活和時代》（二〇一七年西蒙與舒斯特出版）。亞歷山大索爾仁尼琴的《伊凡．傑尼索維奇一生中的一天》（二〇〇〇年企鵝出版）仍然是最敏銳觀察，以及最洗練文筆的古拉格生活介紹。

第八章

俄羅斯已經從屈辱上站起來了

時間軸

1991年	蘇聯解體。
1993年	葉爾辛強行解散議會。
1994-1996年	第一次車臣戰爭。
1998年	金融危機。
1999-2009年	第二次車臣戰爭。
2000年	普丁成為總統。
2003年	米哈伊爾·霍多爾科夫斯基被捕。
2008-2012年	梅德韋傑夫權力空白期。
2014年	吞併克里米亞、干預頓巴斯；與西方國家關係惡化。
2022年	俄羅斯、烏克蘭戰爭。
2024年	普丁第四屆總統任期結束？

俄羅斯土地保衛者紀念碑，莫斯科，1995年。

莫斯科西郊的勝利公園，是現代俄羅斯如何試圖歷史的碎片中，依據選擇性記憶和殘留，拼湊出一種身分的縮影。這座紀念碑，塑造了一名在中世紀與迪米崔・頓斯科伊在庫利科沃一起對抗蒙古韃靼人的戰士；還有一名在一八一二年驅逐拿破崙的大軍的步兵；還有一位是蘇聯偉大衛國戰爭的戰士。三個時代的民族榮耀，團結一致。那麼爲何不可能？國家不能因爲遭遇痛苦，而突顯勝利嗎？值得在此稍加思考的主要原因，是三位英勇的祖國衛士，代表的是一種意識形態。這已經定義了後蘇聯時代的俄羅斯，混合了尖銳的防禦特性，以及在獨特的歷史使命中包容性民族主義的神話。

蘇聯人從來沒有在拒降的情況之下，設法解決「超越西方」這個問題。意識形態神話，已成爲黨規的核心，屢次阻礙了進步。無論是所有對遺傳學的研究都浪費了，因爲特羅菲姆・李森科設法說服史達林，這是「資產階級僞科學」。或是蘇聯國家安全委員會的偏執狂，多年來認爲複印機關於資訊的自由流動，具有安全風險。或是堅持中央計畫的教條主義，扼殺了主動性和創新性。當戈巴契夫開始質疑既定的方式，帶來了整體系統當機。在此過程之中，精心策劃——這通常表示事實上是僞造的——近代和遙遠的歷史突然遭到質疑。史達林恐怖的可怕細節，挑戰了蘇聯工業化的英雄敘述，甚至第二次世界大戰的勝利，被質疑爲冷酷無情的統帥的忽視了士兵的性命。如果鐘擺擺動過於劇烈，一股恢復眞理、爭議觀點，以及完全陰謀論的一股浪潮，沖走了任何確定性。列寧眞的是德國派來的代理人嗎？史達林眞的是戀童癖嗎？是否在一九八六年有不明飛行物墜毀於俄羅斯的遠東地區？戈巴契夫以猶太復國主義者—共濟會陰謀企圖推翻蘇聯？

一九九〇年代，西方的市場和網絡崩潰，俄羅斯進入正在尋找新眞理的時代。每個人接受了俄羅斯最終成爲歐洲所屬國家一部分的想法。這個假設並沒有很快受到質疑；熱心的俄羅斯人民接受西方生活方式（當他們負擔得起時）。儘管如此，他們還是開始重視自己和國家。即使歐洲很高興歡迎波羅的海人和保加利亞人，或是斯洛伐克人和斯洛文尼亞人，但不是俄羅斯人。最終，帶來的後帝國主義的反彈。弗拉基米爾・普丁來到克里姆林宮，並派出俄羅斯綠色武裝部隊「小綠人」進入克里米亞和烏克蘭東南部。這還導致了爲了重新構建國家認同感的努力，在血腥、流浪的征途之中，找到一些何去何從的感覺意義。

狂亂的九〇年代

一九九一年十二月三十一日午夜，蘇聯解體，取而代之的是十五個新國家。其中最大和人口最多的是俄羅斯聯邦。但是什麼是新俄羅斯？其他國家的優勢，是否能夠根據自身來定義。不是的，他們不再是莫斯科的臣民。俄羅斯聯邦跨越十一個時區；人口約一點四九億，其中百分之八十是俄羅斯人，包括從亞美尼亞人、烏克蘭人、韃靼人，以及卡累利阿芬蘭人等少數民族。

俄羅斯是否可以聲稱擁有蘇聯國家的遺產？俄羅斯是否爲沙皇帝國繼任者？這是否是一本過去的文字中最完整、最密密麻麻的抹去的一半文本，還是眞正的一張白紙？現在是需要一位有遠見和激情的領導者時代，以決心和精力建立新俄羅斯，將俄羅斯人的夢想聯繫起來。鮑里斯・葉爾辛即位。

然而，在一九九〇年代人民輕視葉爾辛，尤其是當他似乎越來越沉迷於酗酒和止痛藥，健康問題日益嚴重，加上自我放縱，主張向自由主義屈服，造成國家崩潰。整體來說，原有國家壟斷轉變爲私人的市場資產。在企業對於俄羅斯的大規模掠奪行爲中，造成工業私有化，一盧布兌換的一百戈比，都進入了欽選的詐騙集團和親信的口袋。一九九二年葉爾辛在前蘇聯國家吉爾吉斯斯坦總統頭上演奏了俄羅斯流行樂器「勺子」，一九九四年赴都柏林進行國事訪問時睡著了，以及一九九五年，美國特勤局發現他穿著內衣在賓夕法尼亞大道上找家披薩店時，喝醉了。

然而，葉爾辛在一九九一年面對強硬派政變的抵抗，強硬派反對戈巴契夫重建蘇聯的努力。一九九三年葉爾辛解散強硬的蘇聯前國會，宣布成立俄羅斯聯邦新立法機關。那是一種違憲，所以他只是追溯憲法修改權，使其合法化。然後，在一九九六年，復興中的共產黨可能眞的會贏得總統職位，他轉向寡頭政治，新的超級富豪和商業巨頭支持他，從自由經濟政策中獲益匪淺——或者如某些人所說，爲了他當選而操縱選舉。

對於大多數俄羅斯人來說，這是絕望、不確定，以及艱困的十年。雖然少數俄羅斯人變得非常富有，大多數人民都在應付比美國一九三〇年代經濟大蕭條更嚴重的危機。超過一半的人生活在貧困線之中，破產的醫療衛生系統象徵著死亡率增加。組織性的犯罪似乎在蔓延。我記得當年那令人震驚的景象。地鐵站外的養老金領取者，出售任何他們想要的東西，以能湊到幾個盧布：包含了一塊舊勳章、一隻鞋，以及用剩半管的牙膏。

當葉爾辛擁有敵人時，他可以全力無情的對付敵人；但是當葉爾辛這一位國家的破壞者，有機會成為國家奠基者，但是很明顯，他有沒有眞正的計畫。越來越多的人意識到這一點，他不能允許這一種無政府狀態繼續存在下去。這個國家在國際上受到翼庇，甚至忽視，難怪會這麼孱弱。莫斯科甚至無法擊潰南部車臣地區的叛亂，只是鎮壓衝突，卻從未停止。在一九九〇年代，克里姆林宮企圖尋找葉爾辛的繼任者，這位繼任者需要表現忠誠、效率高超（在理想情況之下保持健康清醒），擁有決心重建國家權力，同時嶄露對於俄羅斯理想願景的人。他們找到了他。

進入新沙皇時代

他們選擇了一個相對不為人知的人物，弗拉基米爾．普丁。一九八〇年代，他曾是蘇聯國家安全委員會官員，雖然不是一位非常傑出的人，但是在一九九〇年代，他返回家鄉聖彼得堡（列寧格勒這個名字，沒有在蘇聯解體之後倖存下來），並適時成為聖彼得堡副市長。他開始讓自己成為候選者，以謙遜高效，擁有市長老闆的支持。當市長阿納托利・索布恰克以腐敗罪名被捕，是普丁安排飛機讓他去法國。一九九六年，普丁移居莫斯科，出任俄羅斯總統辦公廳資產管理局副局長，他再度證實挪用公款的官方謠言。

在這一點上，普丁職業生涯突飛猛進，之後擔任葉爾辛的俄羅斯總統辦公廳第一副主任、俄羅斯聯邦安全局局長（蘇聯國家安全委員會的繼任者）。一九九九年八月，葉爾辛任命他為第一副總理，同一天繼任代理總理。那年年底，葉爾辛辭職，讓普丁代理總統，這樣他就可以在接下來的選舉中，發揮現任總統的所有優勢。不過，普丁還清了他的債務：第一件他為葉爾辛簽署的法令，讓他免於因為可能腐敗罪遭到控訴，並且非正式地保護葉爾辛家族。

然而，普丁是誰？一九九九年底，俄羅斯發生了一連串神祕的預謀公寓爆炸事件。車臣戰事的爆發，讓普丁能夠將自身定位為國家利益安全的強硬捍衛者。他沒有提供明確的計畫，但是對於「法律獨裁」的承諾，吸引了那些厭倦了過去十年間無法無天時代的人民。他也像一九九六年的葉爾辛一樣，得到了國家和民眾輿論支持，在第一輪中選舉，以百分之五十三點四的得票率，贏得選舉。

他開始明確表示，漂泊的歲月結束了。寡頭們面臨著一個簡單的選擇：他們需要接受不再能夠支配政治，不能再度享受他們的財富，或者與克里姆林宮對抗之後而失敗。某些富豪離開了俄羅斯，但是最富有的石油巨頭米哈伊爾・霍多爾科夫斯基勇敢支持反對派候選人，並且抱怨腐敗。二〇〇三年，他被捕之後，被控欺詐和逃稅，並且遣送入獄，以儆效尤。車臣人在暴力的戰役中遭到鎮壓，首都格羅茲尼被夷為平地，殘酷實施了新的地方政權。克里姆林宮又回來執政了。

普丁很幸運，為了結束一九九〇年代讓俄羅斯人民絕望的苦難，現在他們有了一位不僅敏銳、精力充沛的領導者，他還重建國家的資源。二〇〇〇年代經濟顯著復甦：俄羅斯近四分之三的出口為石油和天然氣，約占國家預算的一半，價格在十年來居高不下。普丁重金投資重建國家軍隊，對於親信貪腐視而不見，但是讓普通俄羅斯人足以享受到前所未有的舒適和安全。本質上，他提供了一個新的社會契約：「保持靜默、遠離政治，我會保證你逐步提昇生活品質」。在破舊腐敗的巨型蘇聯解體，以及「狂亂的九十年代」之後，這是大多數人都願意接受的社會契約。

也就是說，普丁不會指望他的臣民感激涕零。俄羅斯民主，從未壯大到形成了政治舞臺的角色，虛假的反對黨和領導者在沒有政治希望或期望勝選的情況之下，只是為了偽裝外表，扮演他們應盡的角色。在蘇聯時期，大眾媒體和藝術家都被視為「人類靈魂的工程師」。如同史達林說的：「黨的喉舌在那裡，讓群眾在思想上擁有正確性」。在普丁統治之下，媒體成爲了克里姆林宮的廣告執行者，而非工程師。特別是電視（幾乎所有都由國家控制或主導）變成了喧鬧、炫目、綜藝小報型的普丁政權啦啦隊長。二〇〇四年，他歡欣迎接百分之七十一的選票，儘管憲法禁止他連續連任第三次任期，但在二〇〇八年，他只是讓他順服的總理迪米崔・梅德韋傑夫，當他的代理總統。普丁從克里姆林宮的總統辦公室遷到所謂的白宮，也就是總理辦公室，但是依舊掌握實權。當梅德韋傑夫的任期屆滿，他全力支持普丁當選二〇一二年總統，兩人再次調換了辦公室。

戰爭道路上的普丁主義

在此同時，普丁與西方的關係產生變化。他一直是一位公開的俄羅斯愛國者。他認爲「大國地位」是一種與生俱來的權利。不過，一開始，他願意成爲一位合夥人，認爲只要他鼓勵外國商人進入俄羅斯，並支持美國的「全球反恐戰爭」，那麼西方國家認爲俄羅斯玩眞的，也不會對於俄羅斯境內發生的事情，看成太嚴重。不過很快，他就會覺得自己遭到背叛。他在二〇〇七年慕尼黑，猛烈抨擊美國主導的西方「單極」世界秩序。

普丁越來越實際感受到了西方國家的輕視挑戰，他採取了越來越強硬的民族主義路線。在某種程度上，這可能是他關心歷史遺產，要拯救俄羅斯免於解體的第一人，然後，正如他所說，確保「俄羅斯已經從屈辱中站起來」。在他的統治的期間，俄羅斯入侵鄰國格魯吉亞（二〇〇八年），從烏克蘭呑併克里米亞半島（二〇一四年），在烏克蘭東南部的頓巴斯地區激起內戰（二〇一四年～）並且干預敘利亞內戰（二〇一五年～）。普丁還發起了一場大規模激進的情報和祕密干預活動，針對愛沙尼亞的網路攻擊（二〇〇七年），暗殺國外的敵人和叛逃者。

然而，對普丁來說，這些基本上是針對西方國家，試圖孤立和邊緣化俄羅斯，並且否認其全球地位的防禦性回應。他拋出下列議題，認爲都是西方國家戰略影響的證據，包括支持俄羅斯的民主和反腐敗活動，對直言不諱的記者和政客死亡的批評，以及一系列反對莫斯科友好政權的叛亂，包含了阿拉伯世界和後蘇聯國家——尤其是二〇一三至二〇一四年推翻腐敗政權的「烏克蘭親歐盟示威」活動。當西方國家開始擔心俄羅斯的「混合戰爭」——利用顛覆和虛假消息進行傳播，分裂和破壞政府機構——莫斯科自身同樣也擔心面臨類似的威脅。

這種民族主義轉向，使普丁更容易闡述其對於俄羅斯的願景，大概希望這個願景能夠激勵民族，但是從他二〇一二年繼任總統之後，他變得越來越失望，越來越厭倦虛假的政治，根深蒂固的腐敗，以及無法容忍經濟繼續停滯。他掠奪了國家的所有歷史，自由地創造歷史譜系，也體現了一種未來的軌跡。最好的代表作之一，也就是在莫斯科展出了《俄羅斯——我的歷史》，然後在整個國家巡迴展。在生動多彩的多媒體展示中，沙皇和政治局委員、十二世紀的王子和二十一世紀的外交官，可以交互描繪在原始透視圖的樸素色調之中。首先，俄羅斯強大之時，合而爲一；分裂時，外強虎視眈眈。強大的國家是一種道德力量，同時是一種愛國責任。這意味著需要服從於貴族——或是政治局常委，或是寡頭領導——這是不可分割的一種權威。

其次，俄羅斯不是侵略者，而是強大的捍衛者——無情的向東蔓延到亞洲，其中存在的許多衝突（俄羅斯接壤的所有國家之中，挪威是唯一沒有與之發生戰爭的國家），從十九世紀尼古拉一世針對歐洲革命，運用了帝國干預的力量，進行鎮壓；到了一九六八年因爲自由主義，導致布拉格之春的軍隊鎮壓，只是保衛祖國和自然秩序的必要措施。當俄羅斯回溯爲何要反對西方國家，正是捍衛現狀，反對美國在全球主導「單極」霸權的努力。即使是在國家電視臺上的有毒意識形態宣傳，壓制獨立監督機構和拒絕國際人權規範和監督，都是成爲保衛祖國，反對外國干涉，以及「資訊戰爭」的最後手段。

最後，俄羅斯不是亞洲國家——儘管有些人使用「歐亞混血」這個詞——，俄羅斯是歐洲的，但也是正統的歐洲。正是俄羅斯人多次捍衛歐洲，有時來自內部敵人，例如欽察汗國，或是外部敵人，無論是潛在的征服者，比如說拿破崙或希特勒，或是其他造成了混亂和越軌的力量。換句話說，這條路線是俄羅斯堅持眞正西方國家已經拋棄，應該具有的歐洲價值觀。俄羅斯的正

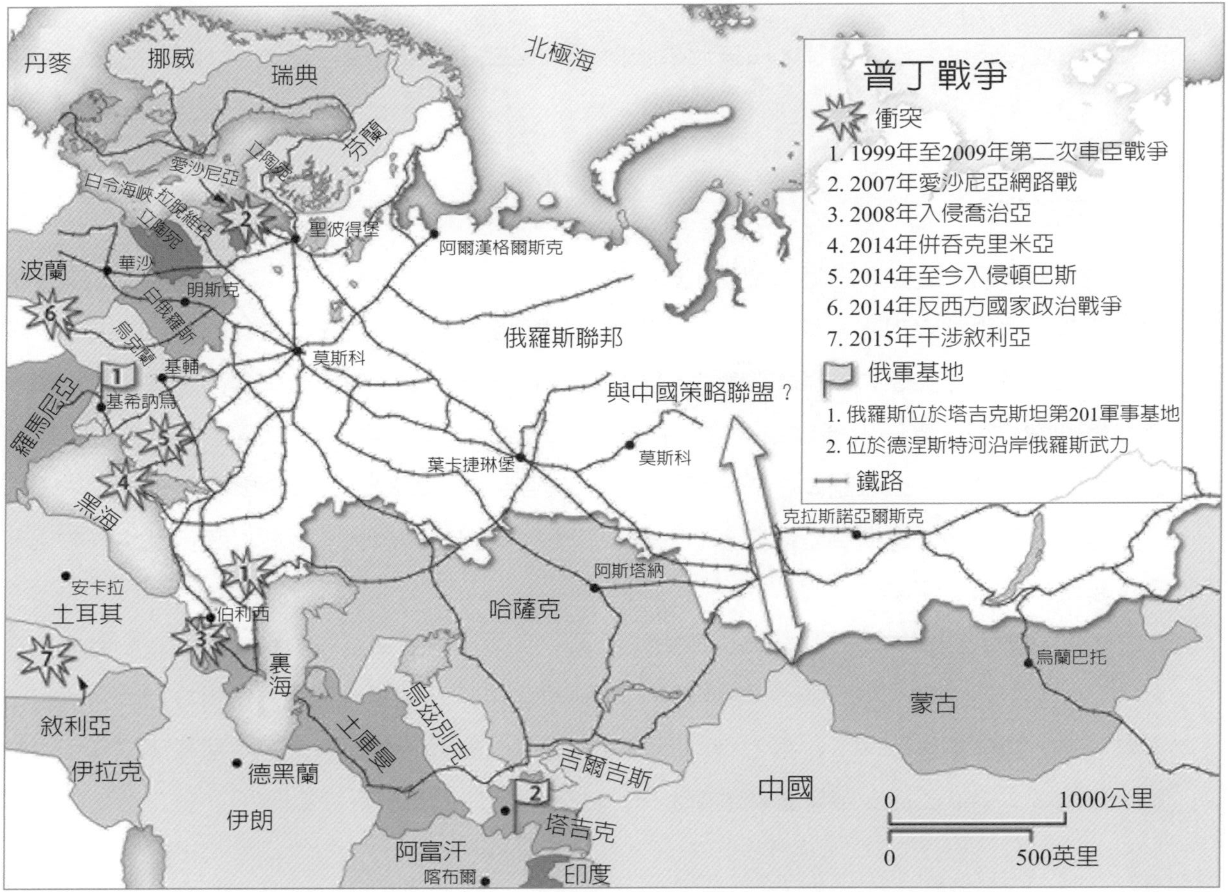
普丁戰爭
衝突
1. 1999年至2009年第二次車臣戰爭
2. 2007年愛沙尼亞網路戰
3. 2008年入侵喬治亞
4. 2014年併吞克里米亞
5. 2014年至今入侵頓巴斯
6. 2014年反西方國家政治戰爭
7. 2015年干涉敘利亞
俄軍基地
1. 俄羅斯位於塔吉克斯坦第201軍事基地
2. 位於德涅斯特河沿岸俄羅斯武力
鐵路
丹麥
挪威
瑞典
北極海
芬蘭
愛沙尼亞
立陶宛
白令海峽
拉脫維亞
聖彼得堡
阿爾漢格爾斯克
波蘭
華沙
明斯克
白俄羅斯
烏克蘭
莫斯科
俄羅斯聯邦
基輔
羅馬尼亞
基希訥烏
與中國策略聯盟？
葉卡捷琳堡
黑海
克拉斯諾亞爾斯克
阿斯塔納
安卡拉
土耳其
伯利西
哈薩克
裏海
烏蘭巴托
蒙古
敘利亞
土庫曼
烏茲別克
吉爾吉斯
伊拉克
德黑蘭
中國
伊朗
塔吉克
阿富汗
喀布爾
印度
0
1000公里
0
500英里

統信仰是眞正的基督教的形式，正如社會保守主義是拒絕迎合墮落的時尚，以及後現代道德主觀主義。

普丁與歷史

當然，人們可以對普丁說三道四。普丁有時刻意表現出男子氣概的公眾形象，有時極端鎮壓反對勢力。有時逢迎他人，猶豫不決。第四任總統任期在二〇二四年結束之後，他將退休，是否修改憲法，議決保留權力，或是選擇一位繼任者。然而在整理俄羅斯非凡的歷史之時，作爲一位沙皇或是總書記，普丁不應該被大書特書嗎？可以肯定的是，普丁在這個對立莽撞的世界舞臺中，穩定這個國家，恢復原有角色，厥功其偉。然而他並不是恐怖伊凡或殘暴的史達林，也不是彼得大帝。他缺乏冷酷無情的智慧，也不像是列寧或是安德羅波夫，或是具備凱薩琳大帝或迪米崔．頓斯科伊微妙的政治本能。

這裡不是要貶低普丁，而是要將他進行歸類。他當然試圖形塑俄羅斯，讓子民了解歷史。學校教科書和大學課程，必須制定官方版本，以追求勝利，並且減少悲劇。史達林成爲必要的現代化奠基者，以及戰爭領袖。勞動改造管理總局被降級到邊緣。普丁要求這個國家要有新的官方故事，應該是「沒有內部矛盾和雙重解釋」——眞實的歷史，從未如此簡潔。

他不是第一位試圖支配俄羅斯形象和歷史記錄的人。迪米崔・頓斯科伊馴服了編年史家，凱薩琳大帝精心策劃了她在歐洲國家的形象，以及對「官方的崇拜」。亞歷山大三世的官方國家主義，只要誰敢堅持挑戰規範，就會伴隨著整肅討厭學者的運動。最重要的是，《聯共（布爾什維克）黨史簡明教程》，由史達林於一九三八年發布，甚至試圖重新定義在鮮活的記憶中的事件。未來二十年，超過四千兩百萬本《聯共（布爾什維克）黨史簡明教程》以六十七種語言版發行，可能是繼《聖經》之後最爲廣泛閱讀的書籍。

關鍵是這些嘗試，包含真正的意圖是要塑造俄羅斯人對自身的理解，都沒有奏效。一部改寫書籍需要人民和國家更爲渴望民族團結，並且定義自身的神話。但是如果沒有鮮明的地理、文化，或是種族邊界的話，也更難定位「沒有內部矛盾和雙重解釋」在任何一齣故事之中。

普丁完全符合解釋泛俄羅斯歷史的模式，雖然可能本質上是過渡象徵，既不是代表蘇聯，也不是真正的代表後蘇聯。蘇聯顯然落後於西方，無法參加一場國際新的軍備競賽。因此，地位越來越脆弱。戈巴契夫迎來了蘇聯現代化的嘗試，這必然涉及自由化，而這也帶來了動盪，並且最終崩潰。對普丁來說，這是「本世紀的重大地緣政治災難」——雖然公平地說，這並不意味著他想恢復蘇聯——這反映了蘇聯政府部分的弱點。在度過葉爾辛「困難時期」之後，普丁已經看到了更大的威脅。來自國內疲軟——可能來自敵對外國勢力支持——因此，對於軍事無人機和軌道火箭的所有投資，除了來自於他在國外的冒險主義，他的政權本質上是保守的。他是尼古拉一世，堅守陣線，反對混亂；尼康牧首，像要恢復舊正統；也許最多是彼得大帝，樂於收容來自西方的技術，藉由武裝國家以控制菁英，而不是由下而上的改革。

複寫紙的超文本和諷刺

同時，歷史文本不斷改寫，形成越來越厚的場景腳本說明。普丁自己的一代，不僅出生和長大於蘇維埃的蘇聯時期，在一九九一年之前，也曾經擁有早期職業生涯。這一代曾占有主導地位，但正在受到新一代的挑戰，某些受到狂亂一九九〇年代的影響，甚至有些人不知道普丁無須負責成長之後的俄羅斯。有的人叛逆，故意加入困窘，但是充滿活力的公民社會，尋找來自西方國家的靈感和抱負。其他人則混合著帶有時髦玩世不恭的普丁主義的正統觀念，擁抱俄羅斯成爲國際壞胚的嶄新全球地位，並且穿在T恤上。「普丁：最有禮貌的人」。再看一件T恤，西方國家嘲笑俄羅斯所謂的「小綠人」的占領克里米亞的突擊隊。「孤立我們？是的，求你了！」再看到另外一件T恤，還有麥當勞的標誌，女同性戀者、男同性戀者、雙性戀者與跨性別者的英文首字母縮寫LGBT和抗議標語牌，都被紅色的大叉劃掉了。

在此同時，事情變得越來越複雜。莫斯科有一座新蓋的巨大清眞寺，靠近奧林匹克體育場，作爲來自北方的穆斯林，包含高加索和中亞地區臨時工人聚會之所。從高加索餐館到垂直阿富汗市集，其影響取代了蘇聯時代的塞瓦斯托波爾旅館。普丁有一尊巨大的雕像，聖弗拉基米爾大公—弗拉基米爾大帝—豎立在克里姆林宮之外，但他是基輔的弗拉基米爾，就像基輔現在發音改變一樣，烏克蘭不僅僅是一個獨立的國家，它是一個越來越期待西方化，而不是東方化的國家。弗拉基米爾仍然是俄羅斯的文化財產嗎？還是他現在眞的是烏克蘭的弗拉基米爾[1]？在莫斯科的機場，現在有特殊的護照通道招攬來自中國套裝遊程的旅客，中文也有英文的標誌。在俄羅斯的東方，大量中國資金正在重塑整體城市和區域的經濟。正如一位俄羅斯學者告訴我他的學生想法：「他們學英語是因爲受到心理層面的影響，學中文是因爲受到腦袋思惟的影響」。

也不是所有的影響，都從俄羅斯的地理實體中發揮出來。最重要的是獲得歷史中的超文本，鏈接到網絡空間之中，其中的資訊和文化影響，可以自由來回流動。四分之三的俄羅斯人經常使

【1】譯注：烏克蘭總統弗拉基米爾．澤倫斯基。針對二〇二二年俄羅斯入侵烏克蘭，根據《華爾街日報》六月二十九日公布的最新民調顯示，百分之八十一至百分之八十九的烏克蘭民眾反對「以土地換取和平」，反對割讓國土給俄羅斯以換取和平；百分之七十八民眾贊同總統澤倫斯基，不贊同者只有百分之七；對他的領導有信心的民眾更高達百分之八十四。對於侵略者俄羅斯，百分之八十二烏克蘭民眾觀感轉為更為惡劣。

用網際網路，他們像普通美國人一樣使用。許多人得到來自國外的線上新聞，觀賞來自國外的頻道，同樣重要的是，形成跨越國界的線上社區。從討論板到遊戲玩家所組成的團體，俄羅斯人不僅僅是巨魔和麻煩製造者，他們正在積極參與新的虛擬夥伴的行動。

具有諷刺意味的是，通過在許多地方定義俄羅斯，藉以反對歐洲和西方國家的方式——從國際秩序到社會價值觀，皆具有挑戰性——普丁和之前的許多俄羅斯領導人一樣，讓外界定義他和國家。這是一種非常普遍的特徵，不過，自伊凡以來，幾乎所有俄羅斯統治者都是如此。伊凡·格羅茲尼將俄羅斯帶入北歐政治，並曾經向英格蘭的「童貞女王」伊麗莎白一世寫過輕佻的求婚信。

更大的諷刺，在於普丁積極努力動員各種神話支持俄羅斯的立論，認爲歷史賦予俄羅斯在世界上的特殊英雄角色。在這一點上，他正在斟酌從莫斯科到庫利科沃形成的「第三羅馬」。然而，克里姆林宮的「政治技術專家」和一群馴服的歷史學家，努力說服俄羅斯人是一群有別於歐洲人種的特殊民族，迎戰邪惡文化和地緣政治力量，彰顯其逆流而上。

畢竟，即使是仍然崇敬普丁的俄羅斯人，毫不誇張地說，穿著T恤卻急切地學習英語，狼吞虎嚥觀看西方影視節目，甚至在自己的文化創作中企圖融入主流。我們應該記住，這是在街道一側，可以看到這是一座讚揚偉大的俄羅斯將軍巨型壁畫，占據了塔樓立面的國家；另一方面——

「我自己的超現實體驗」——好萊塢百視達上映的壁畫廣告，同樣巨幅。不僅是百視達片子，還有《美國隊長》電影。莫斯科變成了一座生機勃勃、充滿活力，美麗的城市，但就像聖彼得堡是歐洲人設計的一樣，非常感謝西方建築師。荷蘭團隊改造這座城市的主要大道特維爾大街。狄勒、史柯菲迪、蘭佛（DS+R）聯合建築師事務所，曾經設計過美國紐約美妙的高線公園，在莫斯科紅場旁設計了巨大的札里亞季耶綠地公園。俄羅斯首都，正在被西方人重建爲一座歐洲城市。

由於共同的歷史經驗，以及不斷成長的跨國貿易、網路，以及好萊塢百視達租片，西班牙和塞浦路斯廉價的套裝旅遊假期，以及共同擔憂中國崛起，俄羅斯確實比任何國家在歷史點中，都更接近歐洲。從技術層面上來看，歐洲邊境結束於烏拉爾山脈，橫跨俄羅斯，但歐洲思惟完全飄移到太平洋邊緣的符拉迪沃斯托克[2]。在接受調查時，大多數俄羅斯人同意「俄羅斯人是歐洲人的說法」——在俄羅斯遠東，竟然同意「俄羅斯人是歐洲人的說法」的數字比例最高。「亞洲人」不僅是一種抽象的概念，而且是直接的現實。

這是一座擁有豐富遺產，但是幅員遼闊，尚待開發人類潛能的國家。今天太容易看到俄羅

【2】譯注：海參崴

斯出現在電視新聞頻道：飛凌敘利亞上空的戰機，街頭的防暴警察，在頂級遊艇上自滿的肥貓富豪，以及普丁，這位再次來勢洶洶國家的一位孤獨傀儡。然而，俄羅斯的意義遠不止於此。當然，擁有豐富的文化遺產，托爾斯泰和柴可夫斯基、劇情片《波坦金戰艦》，以及莫斯科大劇院，就像過去的歷史。儘管血腥，勝利、英雄主義，以及慷慨大方，在黑暗的大地上閃爍。但是在很多方面，這些都是古老傳統的俄羅斯，從過去尋找未來的原始題材。

再說了，複寫紙到底能重寫多少遍，拭除和修改，簡單地從新頁面開始書寫？最後引用馬克思的話：「死去的一代的傳統，在生者的心目中，就像是噩夢一樣沉重」（本書作者不是馬克思主義者，令人驚訝的是，俄羅斯與馬克思悲觀的聲明，若合符節）。什麼時候，一個人會從噩夢中醒來，並且繼續前進？這是一種遠遠超過其歷史總和的國家成就。新一代的活動家和企業家、科學家和藝術家、思想家和夢想家，試圖爲俄羅斯尋找新的道路，而不只是選擇再走一次舊的道路。實質上，當俄羅斯人被問及他們想要的未來，他們對於國家的大國地位，以及對於國家安全的擔憂，則排在後面。相反的，他們不僅渴望體面的生活，渴望言論自由，自由組織和抗議，結束腐敗政治，試圖感覺自己可以產生意義的影響機會。俄羅斯的社會是有組織的——爭取所有在西方國家認爲理所當然的自由。也許，經過幾個世紀的撕裂，在渴望歐洲接受的絕望之間，決心孤軍奮戰，俄羅斯有機會做好自己。畢竟，「歐洲」的諷刺之處，在於由歐盟帶來向心壓力，歐盟向東部和南部的擴張，以及英國脫歐，都讓人越來越意識到沒有一個眞正的「歐洲」。歐洲有瑞典和德國，還有義大利、希臘式的歐洲、匈牙利式的歐洲、巴爾幹半島式的歐洲，以及英國式的歐洲。對於俄羅斯來說，還有空間；如果俄羅斯人感覺願意和自己妥協，普丁和他的同夥可能會試圖說服自己，以及說服同胞；否則，他們自認不會變得更加歐洲化，這是最終的神話。

延伸閱讀

克里斯蒂亞・弗里蘭的《世紀拍賣：第二次俄國革命的內幕》（二〇〇五年阿巴克斯出版），詳盡講述了一九九〇年代金融騙局的故事。寫得最好的普丁文本，有關人物的描述是費歐娜・西爾、克立佛・蓋帝寫的《普丁先生：克里姆林宮的特工》（二〇一五年布魯金斯出版）。有關養育他的國家，請參考安娜・阿魯圖妮安寫的《普丁的奧祕》（二〇一四年摩天大樓出版）。就我個人著作而言，《我們需要談談普丁》（二〇一九年艾柏立出版），在一本小冊中提煉我的想法。米哈伊爾・希嘉的《所有克里姆林宮的男人：在宮廷內的弗拉基米爾・普丁》（二〇一六年公共事務出版），對所有新沙皇身邊的其他人有卓越的看法。

尾聲　俄羅斯、烏克蘭，以及歷史的復仇

二〇二二年二月二十四日，弗拉基米爾．普丁經過長時間集結力量和發表言論之後，發動了對烏克蘭的入侵。在撰寫本文時，這場可怕的戰爭的結果仍然不確定，但是很明顯的，莫斯科預估快速輕鬆獲勝的期望，已經被烏克蘭人民頑強而熱情的抵禦所打破。

歷史籠罩著這場衝突，遭到轟炸的城市，冒出滾滾濃煙，數以百萬計的難民逃離這一場在歐洲發生的戰爭。潛在征服者的夸夸其談，以及俄羅斯戰俘迷惑的眼神中，曾經得到保證，俄羅斯戰士將是解放者，而非占領者，輕易地進入烏克蘭。畢竟，這是一場普丁以訴諸歷史為理由的戰爭——儘管是粗略剪裁和縫合的拼湊版本——而且似乎甚至誤判軍情，制定了作戰計畫。

普丁顯然相當不明智地，認為自己是一位著名的業餘歷史學家。他已經開始對烏克蘭歷史的二度空間觀點，進行冗長的闡述，這些觀點既激怒了烏克蘭人民，同時也讓歷史學家感到困惑。例如，在二〇二一年七月發表的《論俄羅斯人和烏克蘭人的歷史統一》，他斷言烏克蘭人和俄羅

斯人是「一個民族」，卻輕描淡寫地忽略了複雜關係。畢竟，烏克蘭是一個眾多語言國家，俄語只是其中一種使用的語言；俄羅斯教會，實際上只是烏克蘭所信奉的東正教信仰之一。可以肯定的是，彼此之間存在著深厚的歷史聯繫，但是烏克蘭人和俄羅斯人在不同國家生活的時間，比他們在同一種政府之下生活的時間要更長。

事實上，對他來說，不僅烏克蘭人不是一個眞正的民族，而且烏克蘭也不是一個眞正的國家。在入侵前夕，他斷然表示，現代國家無非是布爾什維克民族政策所創造的革命的人爲結構；因此：「可以稱得上是『弗拉基米爾・列寧的烏克蘭』」。

雖然歷史總是爲了政治目的，而遭到質疑和動員，但是很少成爲軍事戰略的基礎。在普丁的堅持下，這就是本案發生的事情，結果是災難。俄羅斯軍方已經制定了自己的戰爭方式，首先是精心準備，然後是採用導彈和飛機的大規模初步轟炸，然後是精心編組的聯合兵種部隊向前推進。然而，在二〇二二年二月，普丁似乎不僅在最後一刻做出了入侵的最終決定，而且還對將軍們採取了截然不同的做法。確信這次入侵，該國人民不會爲保護國家而戰鬥；相反的，他要求更輕率的籌備彈幕，然後向主要城市派遣輕裝部隊。他似乎眞的相信幾個傘兵連可以簡單地駛入基輔市中心，並且逮捕政府要員，這樣莫斯科就可以任命自己的代理人。當然，烏克蘭人會溫順地接受這個新政權。

結果不是這樣。相反的，烏克蘭人以七十年前與德國人作戰的同樣決心，與俄羅斯侵略者作戰。儘管普丁試圖將他的「特殊軍事行動」——如果稱呼爲「戰爭」或「入侵」，可能讓你入獄十五年——披上偉大衛國戰爭的外衣，角色扮演恰巧相反。像亞速海沿岸的馬立波[1]這樣的城市，遭到包圍摧毀成爲廢墟，但是仍在戰鬥。即使四面楚歌的居民打開散熱器，試圖找到一點水喝，成爲這場戰爭的列寧格勒和史達林格勒。

截至發稿時，戰鬥仍在激烈進行。普丁災難性的誤判，讓他的將軍們現在爭先恐後地試圖奪回主動權。他是否像史達林一樣，欣賞試圖對戰爭進行微觀管理，並讓專業人士進行血腥交易的愚蠢行爲，還是像尼古拉斯二世一樣，他是否覺得必須保持控制，確保有一個勝利就在地平線上，這將重振自己萎靡不振的命運。

這不僅僅是因爲普丁的做法，是不符合學術，並且以赤裸裸的工具，試圖將過去扭曲成適合

【1】譯注：馬立波是烏克蘭東部頓內次克州南岸的城市，地處亞速海北部，是烏克蘭頓內次克州第二大城，僅次於頓內次克。二〇二二年二月二十四日至二〇二二年五月二十日遭到俄羅斯圍城，俄羅斯以一萬四千人軍隊於五月二十日完全控制馬立波。據守亞速鋼鐵廠的一千名烏克蘭軍隊於五月十六日投降之後，烏克蘭三千五百人分批以戰俘身分運送至俄軍控制區，馬立波整座城市遭受嚴重損毀。紅十字會將圍城戰形容為「世界末日」。

當代政治需要的一種形式。誠如前文所述，畢竟烏克蘭人可以證明今天的俄羅斯，只是他們國家的一個分支。這也不僅僅是事與願違，導致他在戰爭中採取了災難性的開始策略。相反的，普丁忘記了眞正的基本點：歷史不是命運。即使他撰寫的一切都是眞實的，這也沒有任何意義，除非烏克蘭人民選擇讓歷史有所作爲。時間侵蝕了所有的舊現實：民族文化的發展、信仰和意識形態的興衰、邊境的變化、人口的流動，以及社區重新定義自己。今日的烏克蘭人——尤其是由於他們多年來對普丁帝國主義的抵抗——比他們歷史上任何時候都更加團結。雖然中世紀的編年史可能稱爲老基輔爲「俄羅斯城市之母」，但今天的基輔不僅受到莫斯科砲兵的轟炸，也正在尋求超越此一頭銜，並將自己牢牢地置於更廣泛的歐洲大家庭之中。

考慮一下俄羅斯。隨著時間的推移，俄羅斯的邊界，已經跨越歐亞大陸，沿途呑併了較小的政治實體。俄羅斯的身分，受到了挑戰和重塑，無論是彼得大帝和凱薩琳大帝，試圖打開通往歐洲的窗戶，還是布爾什維克將其視爲後民族時代全球革命的搖籃。俄羅斯是一個東正教國家——除非不列入穆斯林韃靼斯坦，或是佛教圖瓦。她是米哈伊爾・羅曼諾夫的莫斯科公國、凱薩琳大帝書信體中的歐洲國家、尼古拉一世的「歐洲憲兵」、列寧的革命，戈巴契夫的重新覺醒的國家——同時與上述所有不同點，整體大於部分之和，正如普丁相信他可以整頓軍旅投入戰鬥，烏克蘭已經從歷史時刻覺醒而蛻變。

相反的，普丁似乎不願適應與烏克蘭人陷入僵局，並面臨到前所未有的西方經濟制裁，隨著他的戰爭的影響，變得愈加明顯，他越來越依賴於在國內恫嚇人民。三十年的經濟、社會，以及政治成果正在掏空，如果說普丁似乎決心或註定將他的國家拖回單調、灰色的一九七〇年代，老化的領導階層主導衰退的經濟，與西方國家陷入激烈競爭，依靠腐敗和鎮壓來維持群眾的秩序。

然而，歷史是一條永不逆轉的河流，最後一次引用馬克思的話：「歷史第一次是悲劇，第二次是鬧劇」。今天的俄羅斯人，已經不是一九七〇年代的俄羅斯人，儘管經濟制裁已經禁絕了他們與歐洲諸多直接聯繫，克里姆林宮正試圖限制更多，他們也知道自己可能會失去什麼。數以萬計的俄羅斯人在抗議入侵時被捕，從電視名人到大學教授的知名人士簽署了公開信，辭去了工作，甚至離開了這個國家，而不是與克里姆林宮合作。到目前為止，許多俄羅斯人可能仍然支持這一場戰爭，但他們支持的是他們被告知俄羅斯正在進行一場外科手術般切除的有限行動戰爭，以避免平民傷亡。這一場戰爭是為防止「新納粹」的烏克蘭威脅俄羅斯，以及對於說俄語的頓巴斯[2]人實施種族滅絕。如果說蘇聯在阿富汗戰爭的經歷，有什麼可資借鑑的，一旦他們面對戰爭

[2] 譯注：頓巴斯地區包含了頓內次克州、盧甘斯克州。俄羅斯侵略烏克蘭戰爭，截至二〇二二年九月二十四日，屆滿八個月，烏克蘭遭遇重大挫敗，政府軍撤離遭俄軍猛攻的東部大城北頓內次克。北頓內次克是烏克蘭軍隊在盧甘斯克州最後兩個據點之一。眼見戰事不利，到了二〇二二年七月，西方國家「以土地換取和平」

的現實，歸國士兵講述事實，或是回不了家的士兵作證，那麼這種接受官方路線說法，將會很快的消散。幻滅之後，是一種憤怒。

即使普丁渴望效仿他的歷史英雄，如彼得大帝或伊凡大帝（「俄羅斯土地的採集者」），結果卻像是對於老朽的布里茲涅夫主義致敬的行爲，俄羅斯故事的這一種特定情節，不太可能像是「停滯期」那樣持續太久。如果不出意外，人們應該記住戰爭是如何加速變革步伐的趨勢。俄羅斯原本對日本發動「短暫而勝利的小型戰爭」，因爲慘敗，民眾累積了國恥和苦難的憤怒，導致了一九〇五年的革命。一場看似沒完沒了的戰爭，眾多人民在家中挨餓，看不到勝利的情況之下死去，同時導致一九一七年羅曼諾夫王朝垮臺。這一場未與西方國家宣戰的經濟戰爭，讓蘇聯無法獲得生存所需的信貸和技術，最終也使這個帝國煙消雲散。

普丁眞的不應該拿歷史開玩笑。歷史總是勝利的。

倫敦，二〇二二年三月

的呼聲漸起。然而，烏克蘭基輔當局，在對抗西方社會「烏克蘭疲乏症」（Ukraine fatigue）的策略上略有斬獲，歐洲聯盟二〇二二年六月二十三日宣布接納烏克蘭和另外一個前蘇聯加盟共和國摩爾多瓦為「成員候選國」，展現烏克蘭政府與人民「脫俄入歐」的決心。普丁以戰術占領烏克蘭，面臨「大戰略、國家戰略、軍事戰略，以及野戰戰略」失誤的窘境，烏克蘭在二〇二二年九月起奪回八千平方公里土地，迫使俄軍後撤。

致謝

撰寫一本如此具有歷史意義的書，是一項具有挑戰性，但也是令人興奮的計畫。我一二〇〇年之間的歷史精簡成爲較薄的書籍。因此，我進行了各種簡化和省略的功夫，中間難免取決於我許多同事的直接的想法和靈感，但是通常用很簡單的方法，也就是通過彼此之間的談話和分享，進行智力滲透，由我自己撰述。有些同事列名於本書中的「進階閱讀」部分，但有些同事值得特別致謝。多米尼克・利文是經常鼓勵我的博班指導教授，他深思熟慮、慷慨又資深，因爲他對於沙皇制度和帝國的深入了解，豐富了我的職業生涯中的思考層面。我很感謝彼得・傑克遜在基爾大學共同教學的同事情誼，以及我對早期世紀俄羅斯和欽察汗國的許多想法，都是來自他豐富的學識，如果有所疏漏，則歸責於我對於傑克遜談話的片段回憶。最後，我從未見過布魯斯・林肯。他在二〇〇〇年去世，但是我也想指出他的著作，是如何以不證自明的方式，啓發我寫出引人入勝的小品歷史。還有我想提到很多人，我謹以本章簡短的一頁致謝長度，向所有我在其他部分忽略的人物致謝。

從個人的角度，我還要感謝閱讀早期草稿，並且發表評論的人：安娜・阿魯圖尼安、達里亞・莫索洛娃、羅伯特・奧托，以及凱薩琳・威爾金斯。我感謝他們的慷慨投入時間和想法，並且糾正我自己書寫錯誤和不正確的地方。

同樣，感謝艾柏立出版社的羅賓・艾柏立，以及漢諾威廣場出版社的彼得・約瑟夫，我感謝他們的熱情支持。我也感謝霍華德・沃森文稿編輯，他細緻而富有同理心的工作。

最後，我想記錄一下我對歐洲大學研究所的羅伯特舒曼中心的感謝。我在二〇一八年到二〇一九年受邀，成為讓・莫內研究員。我感謝導演布里姬德・拉凡，感謝她的支持。這本書的初稿，是在歐洲大學研究所的托斯卡納山坡要塞中撰寫，這是學者生活的好處。

馬克・加萊奧蒂

國家圖書館出版品預行編目資料

俄羅斯簡史：從異教徒到普丁總統／馬克・加萊奧蒂(Mark Galeotti)著；方偉達譯. -- 初版.--臺北市：五南圖書出版股份有限公司,
2022.11
面；　公分
譯自：A short history of Russia : from the Pagans to Putin

ISBN 978-626-343-207-9(平裝)

1.俄國史

748.1　　111012692

First published as A SHORT HISTORY OF RUSSIAN in 2020 by Ebury Press, an imprint of Ebury Publishing. Ebury Publishing is part of the Penguin Random House group of companies.

RW1B 博雅文庫

俄羅斯簡史
從異教徒到普丁總統

作　者— 馬克・加萊奧蒂（Mark Galeotti）
譯　者— 方偉達
發 行 人— 楊榮川
總 經 理— 楊士清
總 編 輯— 楊秀麗
副總編輯— 黃惠娟
責任編輯— 羅國蓮
封面設計— 韓衣非
出 版 者— 五南圖書出版股份有限公司
地　址：106台北市大安區和平東路二段339號4樓
電　話：(02)2705-5066　傳　真：(02)2706-6100
網　址：https://www.wunan.com.tw
電子郵件：wunan@wunan.com.tw
劃撥帳號：01068953
戶　名：五南圖書出版股份有限公司

法律顧問　林勝安律師事務所　林勝安律師

出版日期　2022年11月初版一刷
定　價　新臺幣350元